英語上達法
文法から総合力へ

中田　康行

大学教育出版

本書について

　本書は二部からなる。第一部理論編と第二部演習編（練習問題と解答）である。第一部理論編で、文法を、言わば、科学的に分析し、学習者が文法を真に理解し把握するにあたって、様々な観点（実際には七つの章）から文法（という概念）にアプローチを試みている。そこで、本書はややもすれば、単に文法や文構造を理解させるための書物なのかと思われそうなのだが、決してそうではない。本書は読み物としても関心を抱いて頂けるような内容になっている。第一部の理論面で言語についての理解を深めて頂き、第二部の演習編に取り組んで頂きたい。第一部の理論と第二部の各練習問題は細部に亘ってまで関連しているとは言えないまでも、緩やかな関連は保っている。母国語や習熟した外国語の文法意識とは、そのような緩やかなものであるはずで、単に与えられた例題、ないしは問題しか解答できないというのでは、まだまだ文法応用力に欠けているのだ、と認識して頂ければ幸いである。

　さて、第二部は文法演習、和訳演習、長文読解の三種類の問題からなる。文法演習は多少易し過ぎるのではないか、という観があるかもしれない。和訳演習は、概ね、易しい例題から難しいものへという配置になっている。また、長文読解はかなり難しい（と言うより、本当に難しい）と思われるが、途中で諦めずに根気よく取り組んで頂ければと思っている。長文読解の各問題がいとも易く、すらすら解けるようになれば、その学習者は相当英語に習熟したと考えて頂いても良い。

英語上達法
—— 文法から総合力へ ——

目　次

本書について …………………………………………………………… *i*

第1部　理論編 …………………………………………………… *1*

第1章　なぜ英語を学ぶのか ………………………………………… *2*
　1．英語使用者の人口 ……………………………………………… *2*
　2．国際語としての英語 …………………………………………… *3*
　3．外国語として英語を学ぶ効果 ………………………………… *4*
　　（1）経済的効果　*4*
　　（2）外国語の豊富な知識の有益性および効果　*5*

第2章　文法について ………………………………………………… *8*
　1．文法とは何か …………………………………………………… *8*
　　（1）母国語と外国語における言語意識・運用力　*8*
　　（2）文法書・教材の特徴　*9*
　　（3）文構造を見抜くことの重要性　*10*
　　（4）コミュニカティヴ・アプローチと文法訳読方式　*11*
　　（5）speaking ability の基盤　*12*
　　（6）文法専門用語は必要不可欠か?　*13*
　　（7）文構造の各部分の機能把握と意味解釈プロセス　*14*
　　（8）言語学習における細心の注意の重要性　*15*
　2．なぜ文法を学ぶのか …………………………………………… *17*
　　（1）経験を通して文法を知っていることの重要性　*17*
　　（2）母国語習得と外国語学習の決定的相違　*18*
　　（3）言語の上達に国籍関係なし　*20*
　　（4）リスニングの要点　*21*
　　（5）リスニングの基礎をなす文法力　*22*

第3章　言語構造を学ぶ …………………………………………24
　1．文中のまとまりを見抜く──日本語の場合の経験的習熟 ……24
　2．「木を見て森を見ず」──全体像把握の重要性（考古学からの具体例) …………………………………………………………25
　3．文の分解と統合（和訳）………………………………………26
　　（1）言語学習における目標　26
　　（2）文の分解・統合・意味解釈　26
　　（3）文の訳のルールについて　30
　4．段落の読解 ……………………………………………………31
　　（1）段落読解のルール　31
　　（2）段落内の文脈・論理を見抜く技術　33
　　（3）書き手の心理を把握する　33
　5．長文の解釈 ……………………………………………………35
　　（1）長文内の論理　35
　　（2）長文読解──書き手の意図を推測する　36

第4章　英語学習上の問題点──構造、意味および発音…………40
　1．不定詞句と意味上の主語の問題 ………………………………40
　　（1）形容詞と不定詞句　40
　　（2）動詞と不定詞句　43
　2．文法構造と意味関係──文法構造・文法規則の有限性 ………44
　3．書き換えに関する問題 …………………………………………45
　4．代名詞は単なる名詞の「代り」か？（口語の特徴との関連において）………………………………………………………47
　5．日本語発想の影響──一つの具体例 …………………………51
　　（1）文法構造・語法などの混同　51
　　（2）日本語の影響（語彙や発音）　53

第5章 「文脈」と意味解釈 ……………………………………56

1. 「文脈」とは何か …………………………………………56
   - （1）狭義の文脈　56
   - （2）慣用句は要注意　58
2. 意味的曖昧さの問題 ………………………………………60
   - （1）曖昧さはなぜ生じるのか　60
   - （2）曖昧さの分類　61
3. 適切さの問題 ………………………………………………65
   - （1）文脈連鎖型（文脈依存型）の適切さ　65
   - （2）文脈非連鎖型（文脈非依存型）の適切さ　66
4. 文の形式上の分類と意味機能 ……………………………67
5. 話法と視点 …………………………………………………70
6. 省略と代用表現の解釈 ……………………………………73
   - （1）省略の解釈と文脈　73
   - （2）代用表現の解釈と文脈の重要性　74

第6章 COMMUNICATIVE COMPETENCE（意思伝達能力）の発達
……………………………………………………………………76

1. "Communicative competence" とは何か ………………76
   - （1）文法能力と意思伝達能力　76
   - （2）文法能力と会話の原則　77
   - （3）子供の会話の諸特徴　80
   - （4）会話の原則と共有された知識　81
2. 母国語習得における "communicative competence" の発達 ………83
   - （1）言語形式と意味機能の不一致　83
   - （2）言語形式が現実に表す意味　85
   - （3）言語習得期の子供が学んでいる会話の原則　88
   - （4）言語習得期の子供とコミュニケーション力の発達　91

第7章　第二言語習得と外国語学習 …………………………96
　　1．第二言語習得の二つの具体例 …………………………96
　　2．言語材料の簡略化および等級付けされた教材の重要性 ………102

第2部　演習編（練習問題と解答）…………………………105
　　Ⅰ．文法演習 …………………………………………106
　　Ⅱ．和訳演習 …………………………………………116
　　Ⅲ．長文読解演習 ……………………………………121
　　解答 …………………………………………………129

参考文献 ……………………………………………………148

あとがき……………………………………………………150

第 1 部　理論編

第1章

なぜ英語を学ぶのか

1. 英語使用者の人口

　言うまでもなく英語を日常使用する国は数多い。まず英語を母国語として使用している国としてはイギリス連合王国、アメリカ合衆国、オーストラリア、カナダ、ニュージーランドなどが挙げられる。英語を第二言語ないしは公用語として用いる国にはインド、マレーシア、シンガポールなどのアジアの国々はもとより、数多くのアフリカの国々が含まれる。さらに、英語を外国語として学ぶ国々は、日本、韓国、中国などのアジアの数多くの国々、またドイツ、フランス、そしてスウェーデンなどヨーロッパの国々がその例であり、その数は非常に大きい。

　さて、以上で、英語との関わり方で三種類の国々がある旨を述べた。そこで、以下に英語を母国語として使用する国々の人口を示しておこう。

1） a.イギリス連合王国（The United Kingdom of Great Britain and Northern Ireland）　5,923万（2002年度）
　　b.アメリカ合衆国（The United States of America）　2億8,142万（2000年度）
　　c.カナダ（Canada）　3,071万（2001年度）
　　d.オーストラリア（Australia）　1,971万（2000年度）
　　e.ニュージーランド（New Zealand）　403万8,200人（2004年度）

以上、英語を母国語としている主要国の人口を示した。

次に英語を第二言語ないしは公用語としている国々の英語使用人口を考えたい。このような状況の正確な実態は把握しにくいものであるし、その詳細な実態調査もない。それゆえ、以下に示す国々の人口は参考として見ておいて頂きたい。

2）a. インド（India）10億2,702万（ヒンディ語、英語、ドラヴィダ系言語）
　　b. シンガポール（Singapore）424万（マレー語、英語、タミール語）
　　c. マレーシア（Malaysia）2,556万（マレー語、タミール語、英語）
　　d. タンザニア（Tanzania）3,528万（スワヒリ語、英語）

　以上、第二言語として英語を用いるいくつかの国々の人口を示しておいた。外国語として英語を用いる国々は実に数多い。そこで、そのような国々の人口を示してもあまり意味がないので、示すことはしない。問題なのは、英語を外国語として学ぶ人々の実態が詳細には分からないということである。ただし、英語を外国語としている学習人口は非常に大きな数字になることは確かである。

2．国際語としての英語

　さて、前節で英語を使用する国々の人口などを示し、その数が実に大きなものであることを確認した。アメリカを中心とする自由主義経済のグローバル化に伴い、ますます英語が世界規模で用いられる言語としての位置を確実にしつつある。そのような状況にあって英語を外国語として学ぶ必要性は格段に高まってきている。
　英語を用いる職業分野は数多い。例えば、航空管制の言語は基本的に英語である。数多くの国際商取引で用いられる言語も英語である。また、医学の分野でも英語が普通になってきている。さらに、様々なインターネットのホームページで提供される情報も世界規模で考えれば、英語によるものが多い。むろん決定的な数字は分からないが、世界中のインターネットで発信される情報の半

分は英語でなされると言われている。このようなことはすべて英語に精通することの利点がどれほど大きいものであるかを指し示している。

　上の段落で示したような状況は、事実、国際商取引の分野で活躍するビジネスマンにとっては極めて重大な問題である場合が多い。インターネットで発信される重要な情報をいち早く察知し、素早く手を打たなければならない。でなければ、自社の大損につながる場合が出て来るかもしれない。また、その逆で、重要な情報をフルに活用した素早い対処が株式などの面で極めて大きな利益を生み出す場合もある。以上のような意味で、企業で働く人々にとってもはや英語は単なる外国語などと言っていられない状況が事実存在すると言える。このような事例の場合、英語への精通の度合いはかなり高いものであることが求められるだろう。以上のように職業的な動機付けで外国語を学ぶ場合を"instrumental motivation"と称している。

3. 外国語として英語を学ぶ効果

(1) 経済的効果

　まず海外旅行の事例を考えてみよう。例えば、大手旅行会社の販売する夏場のヨーロッパ旅行などはわずか二、三週間の滞在で50万円くらいはする。むろん、そのような旅行には必ず添乗員が同行し、荷物などもほとんど運んでくれる。また現地ではお決まりの素晴らしい観光スポットへの案内、一流の豪華なホテルでの宿泊など至れりつくせりの扱いである。そのための高額な代金なのである。このような観光旅行は確かに楽しい。しかし、それはまさに観光目的の旅行だからであり、決して現地での日常生活を実体験することを目的にしているわけではない。

　以上のような観光旅行とは違い、自分で勝手に旅行に出かける場合ならそのようなわけには行かない。海外で必要なトラベラーズチェックをはじめ、旅行のための諸々の準備を全部自分でしなければならない。その中には飛行機の手

配や、現地での宿泊場所の確保、また交通手段の確認・確保なども当然含まれる。さらに、自分一人での旅行では常に観光旅行のような贅沢な旅はできない。移動する時には手荷物などもすべて自分で運ばなければならない。また移動先での宿泊場所なども自分で確保しなければならないのである。

　しかし、自分で英語を相当程度に駆使できれば、その経済効果は実に大きい。例えば、自分で海外旅行に出かけ、滞在国で生活する人のような日常の様々な経験を積むことができる。50万円もあれば、海外で三か月は宿泊し生活できる。現地の人も様々に助けてくれるかもしれない。割安な交通手段などの情報も教えてくれるだろう。また、同じ場所に宿泊するのなら、宿泊料金を割り引いてもらえることもある。それもこれも、やはり、相手に十分理解してもらえる程度の英語が駆使できて初めて可能なことなのである。以上のような意味で英語に堪能であることの経済的効果は絶大であることが理解されたはずである。

（２）外国語の豊富な知識の有益性および効果

　英語をはじめ、外国語を学ぶ究極の目的の一つは明らかにその異文化を深く理解するということと関わっている。例えば、英語を学ぶうちに、英語の歴史的発達や、現代英語の直系の祖先たるアングロ＝サクソン語（古英語）を話したアングロ＝サクソン人（Anglo-Saxons）とはどのような民族であったのか、などという興味が湧いてくることもあるだろう。そのような関心は大切に育てて欲しいものである。以上のような関心は常に明確な形になって成果が現れるとは限らない。しかし、それでも、以上のような関心を抱き、調べてみることはやはり重要である。

　そもそも知的関心はもとをただせば、個人的なものであるし、自分の関心、好奇心が満たされれば、それはそれで自分を納得させることができるという意味で良いことである。そこで、自分の好奇心を満たすことのできた人は、自分の知識の幅を拡大させ、教養を高めることになったわけであるから、やはり個人の精神的効果としては十分に機能したわけである。このように、知的関心から外国語を学ぶ動機付けのことを"integrative motivation"と称している。

　次に、以上のような外国語への並々ならない関心や努力が世界的規模の絶大

な効果を生じさせた事例を示しておきたい。読者は恐らくシュリーマンという名前を耳にしたことがあるだろう。さて、どんな人だったか、などという情けない反応は頂けない。世界的に有名なドイツの考古学者である。シュリーマン (Heinrich Schliemann（1822～1890）) の業績の輝きは必ず後世にまで残るものであると筆者は確信している。このようなことこそ子供に理解できる言葉を用いて小学校や、中学校で教えないといけない事柄の一つではないのだろうか。

シュリーマンは商人であったが、商売の必要から、彼は数多くの外国語に精通していた。彼の妻による『古代への情熱』を熟読すれば、彼がいかに語学の天才であったかを凡人は思い知らされるものである。しかし、彼は単なる語学の天才ではなく、実にすごい努力家でもあった。そのことが彼を数多くの言語に精通させた真の理由であると筆者は確信している。その意味ではシュリーマンを尊敬しないではいられない。また真に彼を尊敬しないではいられない理由の一つは、彼が古典語にも精通していたということなのである。彼が商人であったという事実を考えると、多少意外であるかもしれない。ヨーロッパ、あるいは中東などの諸国と商売を行うには古典語の知識はまったく無用の長物である。むしろ、古典語の知識を持つ商人など敬遠されたかもしれない。

シュリーマンに古典語、とりわけ古典ギリシア語の知識があったことで、世界が仰天するくらいの大きな考古学的発見がなされたという事実をここで紹介しておかなければならない。19世紀の中頃、後期を通じて当時の地中海・トルコ考古学者達が主張していたトロイの位置が、どう考えても文献から推測される場所にそぐわない、とシュリーマンは確信した。彼の確信はギリシア古典時代に書かれた、ホメーロス（Homer（BC10世紀））による『オデュセイア (Odyssey)』の記述から得られたものであった。シュリーマンは数千行に亘る『オデュセイア』を完璧に覚えていた。そのことにより、当時、考古学者達が発掘していた場所がトロイの位置ではないと確信するに至った。しかし、いくら彼がそのようなことを言い出そうが、彼は考古学の権威ではなかったから、誰も真剣に彼の言うことには耳を貸さなかった。

シュリーマンは自分の推論に確信を抱いていたので、自らの莫大な私財を投じてトロイの発掘を根気よく行った。こうして、ついにトロイの発掘に成功を

納めた。やがて、この大発見を契機にギリシアのクレタ文明、ミケーネ文明、ドーリア文明などの古典時代ギリシアの様子が発掘を通して明らかになって来たのである。このような例は言語知識がいかに他の学問領域と結びつけられすばらしい成果をあげてきたかを示す好例となっている。話はそのことに留まるものではなく、このような大発見を機に後世の専門家達がさらなる発掘や、発見をなし得ることが可能になったし、過去の歴史を構築できることにもなったわけである。その意味ではシュリーマンの功績から実に大きな恩恵を受けたのである。さらに言えば、教養ある一般人の知識の源ともなっているという意味ではやはり、一般大衆も恩恵に与っていると言える。

第2章
文法について

1．文法とは何か

（1）母国語と外国語における言語意識・運用力

　英語の苦手な大学生は数多い。苦手な面は様々なのだろうが、最も深刻な面は英語の文構造が把握できていないことである。どの国の人間も自分の母国語を日常話している時に特別な困難は経験しない。恐らくそのような半ば無意識的な気持ちが英語学習にも暗黙裏に影響していることは明らかである。例えば、私ども日本人は日頃、日本語を使って人々と交わる際に日本語を何不自由なく使いこなしている。その時に、「サ行変格活用」や「五段活用」といった動詞の活用、「主語」とか「目的語」といった名詞の文法構造上の機能、あるいは「イ音便」や「撥音便」などという日本語の発音上のきまりにことさら傾注しているわけではない。しかるに日本語におけるコミュニケーションはスムーズに取れている。このようなことはごく自然にできているように思われるし、現にそうだと考える人は多い。しかし、本当にそうだろうか。ほんの少し言語に思いを馳せるだけで、どれほど多くの（否、膨大な）時間を日本語の習得や無意識的な練習、実践に費やして来たか、また現に費やしているかを理解できるはずである。カルチャーセンターなどで行われる「話し方教室」などがその具体例である。言い換えれば、日本語を母国語とする私どもは日本語の文法構造や、語彙の組み立てられ方、発音上のきまり等をことさら意識しなくても良い程度にまで、日本語の文法構造・文法規則、発音上の約束事に習熟しきっている、と言える。そのことが日常の何不自由ない言語実践を可能にしているのである。

さて、こと英語学習となるとどうか。英語の文法構造、文法規則、語彙の十分な、しかも体系的な把握、発音上の決まりなどにつき、日本語と同程度に近いくらいにまで習熟できているだろうか。そのような人なら、「文法なんてどうでも良い」と言ってうそぶいていられるかもしれない。しかし、普通の平均的な英語嫌いの学習者で、文法構造や規則の苦手な者はそのようなわけには行かない。英語に強くなる最短の道は、与えられた英文を一読してその文法構造を瞬時に見抜ける語学力である。

(2) 文法書・教材の特徴

　400ページくらいの英語学習の参考書を開いて見ると、文法事項の項目の多さに驚かされる。たいていの文法書には、「分離不定詞」、「独立分詞構文」、「懸垂修飾語」、「保留目的語」等といった項目がどこかに書かれている。かなり簡略な100ページくらいの文法解説書を見ても相当数の文法事項が挙げられている。そこには、例えば、50～60くらいの文法事項や項目が挙げられ、各事項・項目の説明と練習問題にそれぞれ3～4ページのスペースが割かれている。

　学習者には、そのような文法書執筆の背後に潜む項目分類の基準や原理、作者の意図はなかなか理解できるものではない（無論、これは経験の違い、専門的知識の有無の相違という意味であるが）。そこで、以上のように同じスペースを割かれた各々の文法項目が、あたかも英語学習全体系の中でまったく同等に重要な位置を占めるものなのだと暗のうちに思い込んでしまう。その結果、各文法項目や事項の重要さが同じなのだと考えてしまうのも無理はない。そこで、英語学習に際して、実際に大切な事項・項目がどれで、さほど大切でない事項・項目がどれなのかを学習者自ら取捨選択できるほどの知識を有しているわけではないから、テキストに示された事項や項目を全部丸暗記するという方法に走ってしまう。ここに英語の文法学習を無味乾燥なものにしている最大の要因があるのではないだろうか。

　また、副教材的な文法解説書などの場合、重要項目なら授業中触れられることはあっても、たいして重要でない項目は「各自、家でやっておくように」という指示で片付けられてしまう。実際には、そのような片付けられ方にも問題

がある。なぜ「各自、家でやっておくように」といった簡単な指示で済まされたのか。そこには、それを決めた英語教員間の申し合わせや、個人個人に任されている場合ならそれを決めた教員個人の判断が当然関わっているからである。理由はともあれ、「家でやっておくように」という指示の背後には、場合によってはその事項・項目の部分はわざわざ教室でやるには及ばない、といった含みがあるかもしれない。けれどなぜ割愛したのか、という理由が明示されることは皆無に近いだろう。学ぶ側にすれば、この事項・項目はやらなくても良いのかと思うくらいのことで、「なぜ」と深く追求することは恐らく無いだろう。

(3) 文構造を見抜くことの重要性

　以上のような教育を受けた生徒達は、十分理解していようがいまいが、ただがむしゃらに文法事項・項目のみを丸暗記していくことになる。意欲的な生徒ならそのような学習法であっても、やがて自ら半ば無意識的に英語の文を構成している文構造のルールを見いだして行くことになるかもしれない。その結果、大事なことは文法事項・項目の名称や煩雑な正用法の丸暗記などではなく、文の構造を見抜く能力だったのだ、と後になって気付くことになるかもしれない。けれどそこに到達するまでには相当な年月が必要であるし、途中でたいていの生徒は嫌気が刺して英語学習を諦めてしまう。数百ページもある参考書の全項目やそこに提示された正用法を丸暗記することなどそう簡単に望めるものではない。十分な理解もないまま先に読み進めようとするものだから、自分がいったい何をやっているのかまったく分からなくなってしまうのである。

　相当な年月を要する膨大な英語学習全体系の中で、自分が今何を何のためにやっているのかが確認できてこそ、それが身に付くものなのだが、これは言うほど簡単なことではない。将来の可能性とか必要性などという漠然とした潜在的目的のために、今勉強しているんだ、と言ったところでまったく現実味がない。また、そのような言い方は、事実、遠い将来の可能性といった概念的理解を子ども達に強要するものでもある。そこに英語学習・英語教育の根本的な困難さが生じてくる。不本意に、仕方なくやっている生徒達は単に試験のため、あるいは卒業に必要な科目だからといった理由で勉強する、という動機付けで

ある。そのような場合には当然ながら十分な成果は得られない。

このような学習態度から生じてくる反応は決まっている。「英語の勉強」とは即、「退屈なもの」、「文法なんて面白くないし、つまらない」ものだということだろう。「文法」とは、即、数多くの複雑な規則と煩雑な正用法の丸暗記だという印象を学習者は抱いてしまう。それを助長するのが、学校現場での英語の授業、あるいは塾での英語の授業であるのかもしれない。文法の勉強とは術語や規則の丸暗記などではない。先般も述べたが、最も大切なことは英語の構造の理解であり、その構造を作り上げている各部分の文中での機能の把握なのである。それなくして英文の理解が可能になる道理がない。

（4）コミュニカティヴ・アプローチと文法訳読方式

近年'grammar-translation'方式に対する批判とともに、'communicative approach'なる教授法が提唱されてきており、ALT（assistant language teacher）制度導入もその意識の表れなのであろう。'communicative approach'では教室内での口頭による実際の言語活動が重視されることになる。そのような教授法提唱の背後には、従来の'grammar-translation'方式によったのでは「話す力」は身に付かないという考え方が潜んでいる。上の主張は確かに'grammar-translation'方式の弱点を突いてはいる。けれどもそうだからと言って'grammar-translation'方式が全面的に間違っているのだ、ということにはならない。また、'grammar-translation'方式によっているから「話す力」が身に付かないのだと主張するのは早計であるし、無批判的にそう信じているのなら、それはやはり浅はかというものだろう。

'communicative approach'を実践したらネイティヴ・スピーカー並とは行かずとも、相当な「話す力」が本当に身に付くと考えるのは妄想である。大切なことは、'grammar-translation'方式ではほとんどと言っても良いくらい'listening'と'speaking'の訓練がなされていないから、当然'listening'と'speaking'の力が身に付かないのである。そういう現実を直視せずに'grammar-translation'方式は頭から間違っている、という評を行うのは的はずれであろう。

また、教師に相当な'speaking'能力が事実あって'communicative approach'を実践できるにせよ、学習者が自信を持って英語で発言できるという保証はないし、発言しないこともありうる。場合によっては、一つの文の構造についてでさえ、自信を持って分解・分析できない学習者に口頭で意味内容のある文を作らせることはまさに無理難題を押しつけているに等しい。これこそ発言できない最大の理由なのである。'How are you?' ― 'I'm fine. Thank you. And you?'といった挨拶の決まり文句の後に、内容ある会話を可能にするのは、取りも直さず十分に習熟した文法知識・運用能力、語彙力（＋一般の知識・教養）なのである。

（5）speaking abilityの基盤

　'communicative approach'を導入することで学習者の'speaking ability'を格段に伸ばすことができるためには既に学習者の側に文構造を逐一意識しなくても即座に見抜ける程度にまで文法に習熟している必要があるし、十分な語彙力も必要だ。さらには学習者個人個人の性格に左右されるところが大きい。'communicative approach'の提唱者達は特にこの文法能力を等閑にする嫌いがあるのではないか。英語の'speaking ability'は単なる技術ではないし、ましてや'communicative approach'を導入したら確実に培えると考えるのは多少愚かでもある。そのことは上でも述べておいた。

　また、文法を勉強したって所詮は'speaking ability'の向上にはたいして役立たないと言われることも多い。これも一面的には正しいことなのかもしれないが、それは学習者がどの学習段階にいるのかによって大きく左右される。また、いかなる文法を指しているのかによっても大きな違いが生じて来る。口頭で会話を行うということは、そもそも、書かれた文ほど正確でかっちりした言語構造を有していないにせよ、やはり文（恐らく節的な構造）を作っていることに変わりはない。このことを十分に認識しなければならない。いくら上手く発音できようが、I think that she. が英語の文として構造的に許されない（したがって、意味を有さない）ことが分からない学習者は平気でそのような文を書くだろうし、口頭でもこれに類する文を口にするだろう。

筆者の長年の経験から、この種のミスは英語を専攻する学生の中でさえ見いだされる。無論、この種のミスは今、直前で挙げた例のような簡単な場合には生じないかもしれないが、もっと複雑な構造を有する文を作文したりする時に犯すものなのである。例えば、*I really believe that what the tall Danish professor talked about the lady he just saw a few days ago in the city hall.* といったような例である。*what the tall Danish professor 〜 in the city hall.* の部分は全体として名詞句であり文としては完結していない。以上のような文構造の知識無くして複雑な文の意味解釈を正しく行えないのは当然である。*I think that 〜* の 〜 の部分には文的な語連続（例えば、*John is the person who arrived here several weeks ago* 等）が来なければならない、という意識がなければ（それこそ本書で文法と称することの一端であるのだが）、この種のミスはいつまでも続くことになるし、読解面でも正確な意味解釈ができないことにもなる。

（6）文法専門用語は必要不可欠か？

例えば、「懸垂修飾語」、「分離不定詞」、「保留目的語」などといった専門述語について考えてみよう。これらは恐らく知っているに越したことはないが、ことさら知っている必要もない。現に英語のネイティヴ・スピーカーのいったい何ほどの人間がそれらをはっきり正確に知っているだろうか。皆無とまでは言わずとも、英語学の専門家、英語教師くらいのものではないのだろうか。ちょうど教育を受けた平均的な日本人の、いったい、何人が動詞の未然形、連用形などを即座に思い浮かべ、しかも正確な文法的説明を成し得るだろうか。しかし、そのことを知らなくとも、仮に忘れていたとしても、日常の言語活動には支障がない。

ここで大事なことは「だから文法は不必要なのだ」という結論に飛びつかないことである。例えば、平均的な日本人なら「特急」、「卓球」、「月光」、「学校」などという語を見たり聞いたりしたら、即座に、ある種の音連続のところで、音を詰まらせて発音するだろうが、それは「ある種の音が連続したら、そこを詰まらせて発音せよ」という日本語の発音上の規則（正確には日本語の音韻上の規則）を習得し、そのような例に出会う度に逐一意識的に考えなくとも、音

を詰まらせて発音する習慣が完全に身に付いてしまっている程度にまでその現象に習熟しきっているからなのである。これは言うまでもなく「音便」と称される現象である。一度そのルールを身に付けてしまうと、いつでもその応用が可能であり、あらかじめ予測を行うこともできる。そこで、日常の言語使用というレヴェルでは、言語使用者がそのルールを経験的に身に付けていることが大事なのである。そのルールの名称を知っているか否か、また、実際の具体例を越えた抽象的思考のレヴェルでの定式（/kuk/→/kk/、/tuk/→/kk/）を知っているか否かは次元の異なる別の問題なのである。言語教師に求められるのは（詳細な専門性はともかく）この次元でのルールの意識的把握なのである。

(7) 文構造の各部分の機能把握と意味解釈プロセス

　上でも述べたが、文の構造を作り上げている句、節は明らかに構造的な概念であるが、主語、目的語、補語等という概念は文中の文法的・意味的機能である。また、句、節などが名詞句、形容詞句、副詞句、名詞節、形容詞節、副詞節などという名称のもとに果たす役割は文中での文法機能上の分類である。学習者の立場から考えて最も大切なことは、そういう各部分の名称ではなく、また、その機能のあり方・区別、さらにはその概念的な把握でもない。大事な点は言うまでもなく、そのような各部分がいかに連結されて機能しながらまとまった一つの文構造をなしているかという点の認識、ならびに、その即時的な把握なのである。文中の各部分の名称、役割をバラバラにまるで互いに関係無き事柄であるかのように漠然と十分な理解もないまま捉えていたのでは全体として一つの文がいかに何を意味しているのかを判断することはできない。

　以上との関連で文の意味解釈は次のようなプロセスに従っていると考えられる。いかなる言語であれ、文はいくつかの部分から構築されているのであり、その各部分を瞬時に把握し（各部分の名称は知らなくとも一向に差し支えない）、その各部分が互い同士どのように文法的・意味的に関連し合いながら機能しているのかを見極めなければならない。要するに、文の解釈は各部分への分解（分析）と、その統合なのである。現在、多くの英語の授業で実行されていることは、各部分への分解と、その名称、その機能のバラバラな教え方（と学

習法）である。つまり、別々の機会に項目が個別に教えられているから、学ぶ側もバラバラに捉えてしまうのである。統合面と言えば、決まって複雑な文をただ訳させるという方法で試されるだけである。しかし、文の分解すら十分にできかねていて、自信のない学習者の到達レヴェルと統合の極点たる訳業との間には非常に大きなギャップがあると思われる。それが、英語学習を面白くなくさせる一つの重大な原因の一つなのではないのだろうか。これこそ、'grammar-translation' 方式の最大の難点なのである。そういった意味では、'grammar-translation' 方式は上手く機能しているとは言えないだろう。したがって、この種の生徒を特徴付ける発言は「先生、どこから訳して良いのか分かりません」とか、「訳し方が分かりません」「どこから訳すのですか」とかいった言い方になるわけである。後の章で、文の意味解釈（ルール）を技術的に分析することにしたい。

（8）言語学習における細心の注意の重要性

　次に語学に上達するには細心の注意が必要であることを指摘しておきたい。細心の注意を払わなくとも瞬時にして、例えば、ある動詞が他動詞（「～を」を表す名詞（句）が必要な動詞）なのか自動詞（「～を」を表す部分が不必要な動詞）なのか半ば無意識的に見極められるまでは、やはり細心の注意が必要である。例えば、*John was running on the bridge when I saw him yesterday.* といった例の *running* は自動詞であり、「昨日ジョンと合った時、彼は橋の上を走っていた」という意味になる。ちなみに、この場合の「橋の上を」は場所を示しており、動詞の表す行為が及んで行く対象を示す「～を」ではない。逆に *John's father runs a supermarket just on the corner.* の例では *a supermarket.* という名詞が *runs* に後続しているので、どのみちその関係を考えなければならない。動詞に後続する（名詞句の）部分は経験的にたいてい「～を」であるから、「スーパーマーケットを走る」となりそうだが、これでは意味的に奇妙だと思わなければならない。このようなちょっとした注意が語学に上達するか否かの分かれ目である。上例の場合、「スーパーマーケットを経営する」という意味なのである。要するに、この場合も、自動詞か他動詞かという名称が重要なのではなく、動詞の示

す意味内容たる行為が直接及んで行く対象の「～を」という部分を取るか否か、という点の認識が意味を判定する重要な点であった。以上の例から分かるように単語の意味は文脈によって決定されるのである。したがって、文脈を常に入念に読みとる目を培わなければならない。

　細心の注意が必要であることを示す今ひとつの例を挙げる。それは単語の範疇に関係する問題である。単語について重要なことは、ある単語が名詞と呼ばれるか、形容詞と呼ばれるかといった、類の知識の有無ではなく、その単語の範疇の明確な把握である。すなわち、その単語がどの類の仲間であるか、またありうるかを、学習者ははっきり認識していなければならないのである。でなければ、日本語の発想に引かれて、あるいは*go*という動詞は常に*to*という前置詞を取るという思い込みからかは分からないが、*I went to there two days ago.*のような文を口にしたり、書いたりする人が多い。*there*は「そこへ（*to the place*）」を表すので*to*は不要なのである。

　以上のように述べはしたが、言語はある程度の柔軟性を有するものだから、本来、そこには来られない類の単語がある場所に来ることが許容される場合もある。ただし、それは慣用的に用法が定まっている場合のみである。例えば、*from here to the station*などの*here*は本来副詞であり、それが名詞的にしかも慣用として許容されるのである。また、*You may go any place you like.*という例においても*any place*は名詞句で、本来この位置には来られないが、慣用的に許されている。だが、上例の*go to there*は慣用的に定まっておらず、やはり誤りであると言わざるを得ない。この場合の要点は単語の品詞や名称を知っていることが言語学習上大切か否かというような問題ではなく、*there*がいかなる類（仲間）の単語であるかという点の把握なのであり、*to*を必要としないものだという点の認識なのである。このような事例もやはり数多くの英文に接することにより、また、自らの内省（や他人からの指摘）によって徐々にしなくなって行くしか方法は無いだろう。

2．なぜ文法を学ぶのか

（1）経験を通して文法を知っていることの重要性

　学習者が文法という言葉、ならびにその指し示す内容に関して多少なりとも意識し始めるのは外国語を学びかける頃からであろう。こうしてしばらくは学校での勉学という過程を通して否応なしに某かの文法事項を学ばせられるものだ。そこで、学習者自ら興味を抱くようになって、努力を惜しまぬ者は何度も繰り返して学ぼうとするだろうから、学びかけた頃には漠然としていてよく飲み込めていなかった疑問点を徐々に理解して行き、身に付けて行くだろう。そこで、そのような学習者にとって文法とはそんなに複雑で難しいものだとは映らなくなるだろう。逆に文法事項の名称のみに終始し、各々の事項が一体何を指し示すのかを理解しようともしなければ、当然文法書をひもといてみようともしない学習者にとって文法とは、即、退屈なものとか難しいもの、分からないもの、と頭から決めてしまうかもしれない。このことは既に機会を得て述べておいた。

　外国語を学ぶ時になぜ文法を学ばなければならないのか、等という問題を正面切って論じる必要は無かろう。答は自明だからである。知らないことは学ばなければならない。例えば、自転車に乗っている場面を考えてみよう。自転車に何度も乗っている人はいとも簡単にハンドル、ペダル、ブレーキ、そしてスピードを操り、いともスムーズに道路状況に即して自転車を乗りこなすすべを心得ている。様々な道路状況に即して、スピードを適正に調節し、自転車が転倒しないように適度にペダルを踏み、曲がる方向に体を傾斜させて進んで行くだろう。これは確かにごく自然にできているように見える。しかし本当にそうだろうか。そうではあるまい。自転車に乗りかけた頃にはどれくらいのスピードでどれくらいのカーヴが曲がれるのかを勘によって計算しなければならない、ということをはっきり意識してはいなくとも誰しも当初は経験するものである。言い換えれば、自転車を上手く操るルールを実体験を通して学んだわけである。そしてこのようなルールをまったく意識しなくても良い程度にまで、実地の体

験を通してルールに習熟しきっていることがスムーズな操作につながっている。

　また、例えば一枚の風景写真（仮に山々を背景にした人物の写真とでもしておこう）を見て、私たちは即座に写真の被写体までの距離、山々の相対的な遠さ、空間の広さなどを読みとるものである。これもやはり一種の経験に根ざした計算である。写真自体は平面であるが、写真の鑑賞者である私たちは写真中の相対的な山々の大きさ、色の濃淡、全体的なパースペクティヴなどを瞬時に計算して、おおよその空間的距離を推し量るものである。その際、小さな細部のことは計算に入っていない。

　以上、二つの「ものの知り方」は経験を積み重ねることから得られるものであった。無論、学校での教育の中で以上のものの知り方の「理屈」は「理屈」として、現実から切り離されたレヴェルで教えられるだろう。自転車がカーヴを曲がる時にスピードを落とし、かつ曲がる方向に体を傾けるということは慣性と遠心力の問題であるし、写真中の人物と背景の相対的な距離は美術で言う「パースペクティヴ（遠近法）」である。しかし、基本的には以上二つは経験を通してものを知るやり方である。なぜなら、自転車の場合、小さな子供は慣性の法則や遠心力の法則を「理屈」として概念的に把握しているわけではない、という理由からである。

（2）母国語習得と外国語学習の決定的相違

　さて、どのような言語であれ、それを母国語として習得する幼児は何度も何度も過ちを繰り返しながら、また母親からの半無意識的な矯正を受けながら、徐々に大人の言語に近付いていくが、この母国語習得という過程はまさに経験を通してなされると言っても良いだろう。しかし、既に大人である者が一つの外国語として英語を学ぶ場合にはこのようなやり方は不適当である。基本的なことだが、まず、大人は幼児が母国語に曝されているのと同程度に目標言語に曝される十分な時間的余裕がなかなか見いだせない。そこで、大人の学習者が目標の外国語を、まったく知らない白紙の状態で、いわば幼児の母国語習得の状況に類似した条件で、現実の目標言語の世界に放り出されたとすると、それで本当にその言語をネイティヴ・スピーカー並に読み書き、話せるようになる

のであろうか。一般大衆はいとも簡単にそのようなことが可能だと思っているのではないか。しかし、それは不可能というものだろう（この問題は後の章で再び論じることにする）。

　仮に母親が幼児に話しかけている言語をテープ・レコーダーやCDなどに記録してみると良い。母親が幼児に話しかける言語と大人同士の会話との間には数多くの重要な質的相違があることが判明するだろう。幼児に対しては大人同士が会話している時のような言語は決して使われていないことが分かる。そのことは直観的にも、内省的にも明らかであるし、現に数多くの研究資料により相当明確にされて来てもいる。幼児への母親の言語は単純な構造、明確な発音、易しい語彙、幼児が発した語句の状況に即した母親側の繰り返し（別の表現を用いた繰り返しをも含む）、等々、大人同士の言語活動にはほとんど観察されないような特徴があることはよく知られている。例えば、母親は無意識的に人称代名詞（とりわけheやsheなどの三人称の代名詞）を幼児にはほとんど使わない。「それをママにちょうだい」といった具合である。「私」、「彼」などの代名詞は、それを使う人と、それが使われる状況次第で指示関係が変わりうる変項であり、幼児にはそのような指示関係はそう簡単に理解できるものではない。大人はそのようなことを直観的に、また経験的に把握しているものである。

　上の論点は要約すると、大人と子供の間の知識、常識、経験世界一般の範囲の相違の問題だと言える。このように母親は幼児に易しく微笑みながら「あなたに話しかけているのよ」と言わんばかりの動作を交えて話しかけるものである。言語を習得する上で、幼児は、いわばこのような理想的な状況を与えられているからこそ言語の習得ができるのだろう。このような状況を人為的に作り出せないわけではないだろうが、それはやはり様々な理由から困難である。例えば、体の発達・成長の度合いの決定的・不可避的相違に加えて、大人と幼児の知的レヴェルの相違、経験世界の決定的な相違、大人は既に一つ（ないしは、それ以上の）言語を習得してしまっているし、さらに外国語を習得中であるかもしれない、といったような事情が考えられる。したがって、大人である者は体系化された最善の人為的方法によって外国語を学ばざるを得ない。しかし、その道程の中で某かの部分は教えられないどころか、気づかれもしないままに

学習者任せにならざるを得ない。そこで学習者は十分な理解もないままに、たいてい放り出されてしまう。それこそ、外国語の学習なんてちっとも面白くないと学習者に思わせる理由の一つなのだろう。

（3）言語の上達に国籍関係なし
　大学の英文科、英語科などに学ぶ学生なら「自分は英語ができる」、「中高から得意科目だった」などという自負心を抱いているだろう。また、一般大衆は英語科の学生ならさぞかし英語がペラペラなのだろう、等といったイメージを抱くものである。それから、日本人は英語を聞いて話すのが下手だが、読んで書くことなら負けない、といった考え方があるし、現にそのような発言をよく耳にする。このようなことも実際にはそれほど正しくないのではないか。長年に亘る筆者の大学での教育経験を通して、このようなことは必ずしも正しいものではないように思われる。無論、特定の個人の学生のことを言っているのではなく、一般論でのことである。日本人は取り立てて英語を話すのが下手だ、などという主張もよく耳にするが、これも事実ではないだろう。様々な事情から海外で生活する日本人のビジネスマン、研究者、学生などが英語を実に上手に使いこなして生活している場面に遭遇することもある。しかし、英語を実に流暢に話してコミュニケーションが可能となるまでには、その人がどれだけ苦労して来たか、また、しているのかということはたいてい等閑にされている実体験の一面である。また、そのような局面こそ実に大事なことであるのかもしれない。
　それではテープにかじりついて毎日30分、否１時間、２時間がむしゃらに聞けば、英語が話せるようになるのであろうか。単に聞いている時間の問題ではないという意味で、これもあまり有効だとは言えないだろう。そのようなやり方で、テープを聴いて内容が理解できるには学ぶ側にかなりの文法体系が既に身に付いており、、それをことさら意識していなくとも分かっている程度にまで英語に習熟していることが求められる。この点も既に機会を得て指摘しておいた。例えば、*a book written by professor* 等と平気で書くようなら、テープを聴いても余り十分な効果は期待できそうにはない。可算名詞は（複数で無冠詞の場

合を除いて）冠詞が必要である、といった文法上の制約が半無意識的に身に付いており、即座に冠詞の存在を予測できなければならないのである。上例がそのままで良いと思っている者の耳には冠詞の a、the が心理的に耳に入って来にくいからである。語学力を高めるには、以上のような細心の注意を払う必要があるという旨の解説は既に前のセクションで指摘しておいた。外国語として英語を学ぶ人は十分な文法体系をマスターするまではそのようなことに気を配らないと、理解して貰える英語を書いたり、話したりできる道理がない。

（4）リスニングの要点

　次にいわゆる "listening" について論じることにしよう。私たちは日本語を、日常、使っているわけだが、その時に、たいてい相手の言っている単語や表現に逐一、今、何という単語を言ったのかとか、動詞のどの活用形を用いたのか等というふうに相手の発言の細部に注意を払っているわけではない。むしろ、相手の発言の意味内容を把握しようとしているのである。外国語の "listening" も本来かくあるべきである。例えば、列車に乗っている時の車内案内で "We'll ＿＿ stopping at 〜 stations before arriving at 〜." といった文をアナウンスされた場合、下線の部分がよく聞こえないこともあろう。現に下線の部分に入る be にはストレスは置かれないので、ふつう明瞭に発音されはしない。しかし、そこには当然 be があるはずだという認識があれば、たとえ、be がはっきりと聞こえなくとも安心していられるというものだ。

　また、例えば、a cup of coffee という名詞句をネイティヴ・スピーカーに普通の発話の中で発音して貰うと、a と of は cup や coffee ほど目立って聞こえはしない。of はややもすると、非常に弱い曖昧母音 [ə] になるけれども、coffee は相当強く発音される。of は辞書通りに [əv] と発音されるわけではない。また、a cup of coffee は一つのまとまりとして発音されるから、それぞれの単語のところでポーズを置いて、しかも各単語に同じ音量を置いて発音されるわけではない。このようなことを内省的に理解し、また経験を通して確認することが英語を上達させる上で大事なのである。a cup of coffee という音連続で of は [ə] と発音されようが、ほとんど聞こえなかろうが、それがスペリング（無論、スペリ

ングを知っているという仮定上の話だが)では*of*なのだということを確認できているからこそネイティヴ・スピーカーはコミュニケーションができるのである。このネイティヴ・スピーカーの確信は以上のような語連続の発音を何度も実際に耳にしており、自らも半ば無意識的に実践している程度にまでこのような発音のされ方に習熟しきっていることから来ているのである。

(5) リスニングの基礎をなす文法力

　発音の問題は外国語の基礎を論じる時に、本来、無視できない重要なことではあるが、外国人としてその"listening comprehension"を左右するのが「耳の良さや悪さ」ではなく、これまで長々と論じてきたような文法力である、と言わざるを得ない。以前にもそのことには触れておいた。ここで断っておきたいことは前セクションでも論じておいたように「文法力」と聞いただけで、たいていの読者は「あー、もう嫌だ。やめた。面白くない」などと思ってしまうことのないように、ということなのである。言語の学習で慢性的になっている例の嫌悪感の問題である。

　これまで論じて来たように、文法という言葉の意味する事柄を本書で述べたような意味で十分に弁えている必要があるという点が重要なのである。例えば、*To do so is not appropriate here.*の *to do so* が「不定詞」で、しかも名詞句であるという名称を知っていることが大切なのではなく、むしろ大事なことは *to do so* が、この場合、一つのまとまりで「〜すること」という意味だということの認識である。また、*I had a book to read.*の場合、*to read* の部分が *a book* にかかる（つまり、つながって行く）ということが、半ば無意識的に理解できている程度にまで習熟したことから来る文法的・意味機能の把握が重要なのである。その明確な文法用語を用いた知識が無くとも、半ば無意識的把握であるにせよ、この場合の *to read* が「読むための本」、「読む本」、という意味だと理解できていることが極めて大切であり、決して「読むために」、「読むのに」という意味ではないという点をはっきりと了解している必要がある。また、*I stopped there to read the road sign.*の場合の *to read* は「読むために」、「読もうと思って」「読むのに」といった意味であることが分かっていることが重要なのであって、決して

文法事項の名称の無意味な丸暗記を「文法力」というのではない。この点は既に機会を得て触れておいたし、前セクションの論点でもあった。しかし、ここで改めて強調したいことでもある。

　ちなみに、以上の議論の中ではまったく指摘もしなかったが、冠詞は注意を要するものである。今の例でも *the road sign.* のように定冠詞が来ている。そのことから、この文（発話）に接した人は、何か特定の標識なのかなと思うものである。命に関わる一大事につながるとまで言わずとも、もっと卑近なレヴェルで「この先道路工事につき、行き止まり」などといった何か臨時の特別な標識なのかと思ったりするものである。冠詞は文脈的に非常に重要であり、常に注意を払わなければならない。

　なぜ文法を学ぶのか。この問題に対して筆者は本節の冒頭、「知らないことは学ばないといけない」からだと述べた。ここでもう一度、もっと明確にこの問題に答えておきたい。文法を学ぶ究極の目的は、文の構造や文中の各部分の関係を、逐一、構造的に、意味的に意識して考えなくとも、目前の文を見て、即座にその構造が把握できるようになるためなのである。それがその文の正確な意味解釈や英作文の基礎をなすものなのであって、ひいては、それが、聴解力を伸ばす鍵ともなれば、発話力の基盤を形成するものともなるからなのである。したがって、以上のような意味で文法力こそ 'communicative competence'（「意思伝達能力」）の基礎を形成するものなのだと言える。

第3章

言語構造を学ぶ

1．文中のまとまりを見抜く——日本語の場合の経験的習熟

　長年、英語の勉強を続けて来ていながらいつまでたっても英語が理解できないのはなぜなのだろうか。実際の文に接すると、そこに提示されている現実は、日本語の場合には数多くの文字の連続であるし、英語の場合には数多くの単語の連続である。日本語であれ、英語であれ、その文法構造を分解・分析できなければ、正確な意味解釈はあり得ないという旨の議論を前章で行った。論点を明確に理解して頂くために、まず日本語の例を提示し、構造の分析がいかに重要であるかを示すことにしたい。まず次の例を見て欲しい。

　1）僕は、きのう三日前に病院で会った女性の妹にデパートで出会った。

日本語の場合、極めて直観的に「きのう」が文末の「出会った」にかかる（すなわち、つながって行く）ことを見抜くものであるし、「三日前に病院で会った女性」が一つのまとまりであることも簡単に見抜くものでもある。また、「三日前に病院で会った女性」という部分が文中のどこにあっても一つのまとまりだという判断が下される。その判断が正確な文構造の理解と正確な意味解釈につながっている。しかし、残念ながら経験不足により英語の構造分析は、日本語の文法構造を扱うほど簡単になされはしない。

2．「木を見て森を見ず」——全体像把握の重要性（考古学からの具体例）

「木を見て森を見ず」なる諺がある。これは目前の木を見ている人間の視点が、その木に定まってしまって、背後の森などが視野の中に入って来ない、視野の狭さをいったものである。これを示す一つの具体例を以下に挙げておきたい。それは航空考古学からのものである。1928年イングランドのノーリッジ上空を飛んでいた飛行機の乗客が偶然にも地上に目を遣ったところ、大麦畑が眼下一面に広がっていた。驚いたことに、その大麦畑の地下に眠る、古代ローマ期の都市遺蹟を示していそうなシルエットも目に入ってきた。彼はそれがローマ期のケイスター（ローマ名、Venta Icenorum）の痕跡だと直感し、目的地到着後直ちに英国航空局に連絡を取った。その結果、早速英国空軍が現地に派遣され、その上空から航空写真が撮影された。そこには、古代ローマ都市の街路、官衙、市壁などに加え、市壁に遮られた道路なども鮮明に映し出されていたのである。この鮮明な写真は後日タイムズ紙の半ページを割いて報じられたが、一大センセーションを巻き起こすことになった。後に、その写真を根拠にマンチェスター大学のドナルド・アトキンソン教授ティームによる現地発掘が執り行われた結果、古代ローマ都市ケイスターが確認されることになった。

以上の例はローマ期の古代都市の位置と、その全体像を確認する最善の方法を示す例なのであり、その全体像が把握できれば、どこから発掘を始めればよいかも示されることになる。無論、ケイスターの存在は過去の文献史料によってすでに確認されていた。ケイスターの地中に埋もれた遺蹟上を被う大麦畑を実際に何度も歩き回って踏査していたかもしれない考古学者にも発見できなかった、この古代都市の全貌が航空写真により瞬時に映し出されたのである。また、仮に遺蹟の一部が発掘されたところで、遺蹟の全体像が分からなければ、その都市遺蹟の広大さのゆえに地上に立っている考古学者は自分たちの位置を見失ってしまう。飛行機なる文明の利器がなかった時代には、過去の遺蹟は部分部分が徐々に発掘されて行き、その後に道路の距離や建物の位置の測定など

が根気よく行われて遺蹟の全貌が再現されていた。しかし航空機から撮影を行うことによって瞬時に遺蹟の全体像が確認できるという利点があり、写真の方が人為的発掘よりも遥かに正確に遺蹟の距離や位置関係を提示できる。

3．文の分解と統合（和訳）

（1）言語学習における目標

　以上の考古学の例から語学に関連する様々な事柄を類推的に導き出すことができる。「木を見て森を見ず」という諺を、言語の学習で、文に照準を合わせて考えてみよう。文の各部分をバラバラに個別に捉えるならば、場合には、それは名詞句であり、また、ある場合には、その同一語句が主語であるといった見方になるだろう。しかし、そのことだけでは文の全体像を把握できないということは既に述べておいた。文中で、このような語句は、主語として機能し、同時に、名詞句なのである。このような捉え方をしなければ文の各部分を連結できないわけだから文の全体像を把握することはできないだろう。言うまでもなく、言語の学習は明らかに文の正確な意味解釈にのみとどまるものではない。文という一つの区切りを越えたところに、段落や章、あるいは短編小説、長編小説、劇などという、もっと大きなまとまりが存在するわけである。これが「文」の背後に控えた「森」である。読者の究極の目的は全体像たる背後の森の把握である。

（2）文の分解・統合・意味解釈

　以上のような観点から、本章では文の分解と統合、段落の組立をいくつかの具体例を提示しながら示したい。筆者はこれまでに何度も「分解」という言葉を用いてきたが、その意味を本章で技術的な面から明瞭にすることになる。そこで、具体的な例文の意味解釈がどのようになされるかを、順を追って示したい（この例文は実際に入試問題に出題された）。

第3章 言語構造を学ぶ　27

I certainly think that the highest function of poetry is not to impart knowledge or persuade you that certain things are right or wrong, but to sharpen your senses and give you a special kind of wisdom — the kind that comes from exercising your imagination.

この例は全体で一つの文をなし、*I certainly think* の後続部分が埋め込まれた文になっている（が、これを節、しかも従属節と称している。同時に、この節は *think* という動詞の目的語であり、構造的には名詞節である）。また、この埋め込まれた文の内部は、いわゆるS＋V＋Cの型になっているのだが、Cの部分が複雑なのである。そこには三つの不定詞句があり、前の二つの不定詞句が *not*

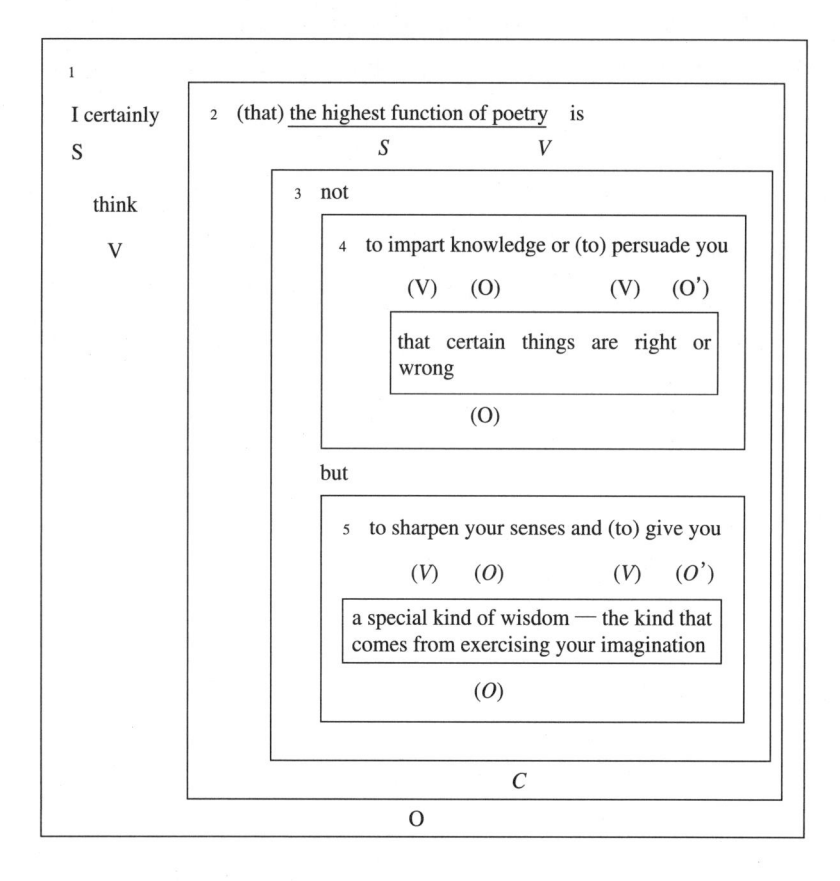

```
┌─ 1 ─────────────────────────────────────────────────────────┐
│ I certainly   ┌─ 2  (that) the highest function of poetry  is ─┐
│ S             │              S                              V  │
│               │                                                │
│   think       │   ┌─ 3  not ────────────────────────────────┐ │
│   V           │   │   ┌─ 4  to impart knowledge or (to) persuade you ─┐ │
│               │   │   │        (V)      (O)         (V)      (O')    │ │
│               │   │   │   ┌─────────────────────────────────┐         │ │
│               │   │   │   │ that certain things are right or│         │ │
│               │   │   │   │ wrong                            │         │ │
│               │   │   │   └─────────────────────────────────┘         │ │
│               │   │   │                  (O)                           │ │
│               │   │   └────────────────────────────────────────────────┘ │
│               │   │                                                      │
│               │   │   but                                                │
│               │   │   ┌─ 5  to sharpen your senses and (to) give you ─┐ │
│               │   │   │        (V)        (O)            (V)   (O')   │ │
│               │   │   │   ┌───────────────────────────────────────┐   │ │
│               │   │   │   │ a special kind of wisdom — the kind that│  │ │
│               │   │   │   │ comes from exercising your imagination  │  │ │
│               │   │   │   └───────────────────────────────────────┘   │ │
│               │   │   │                  (O)                           │ │
│               │   │   └────────────────────────────────────────────────┘ │
│               │   └──────────────────────────────────────────────────────┘
│               │                            C                            │
│               └──────────────────────────────────────────────────────────┘
│                                            O                            │
└─────────────────────────────────────────────────────────────────────────┘
```

によって否定されており、最後の不定詞句が*but*で接続されている。いわゆる*not*〜*but*〜の構造になっているわけである。このようなことを、逐一意識して考えなくとも、この例文を一読して即座に判定できる能力が正確な意味解釈に要求されるということも、すでに機会を得て述べておいた。何度も指摘してきたことだが、主語、動詞、補語、目的語、名詞節、不定詞句などといった名称を知っていることが重要なのではない。そのような名称で分類される語群の文中での互い同士の機能の把握が大事なのであった。以上のようなことが一目瞭然に理解できるためには、例文を読むのと同時に、頭の中で以下に示すような構造図が即座に構築できなければならないし、当然、ネイティヴ・スピーカーの頭の中には明瞭な意識はなくとも、そのようなことができているのである。

このような構造を瞬時に見極められねばならないことは上述した通りだが、それだけでは文の解釈として十分ではない。まず、「木を見て森を見ず」の「木」をしっかりと直視して、どのような木であるかを見極める必要がある。すると、いくつかの個所で省略のあることが分かってくる。*I certainly think*の後に本来*that*があるはずだし、*persuade*の前方に*to*がなければならない。また、同格の名詞*the kind*の直後に*of wisdom*があることも理解しておかねばならない。しかし、この文の正確な意味解釈に到達するには、それだけでは十分ではない。細かいことだが、*from exercising*の*exercising*につき、この場合の*exercising*が動名詞であると理解しておかなければならない。それは直前に*from*という前置詞（前置詞は後に名詞（句）を従えるが、そのような名詞（句）を前置詞の目的語と称する）があること（名詞的に機能する〜ingを動名詞と言っているわけである）だけではなく、*exercising*は一方では「〜あなたの想像力を働かせること」というふうに「〜を」の目的語の部分を必要とするからでもある。

さらに動詞の〜ingがある場合、それが動名詞であるか、現在分詞であるかはともかく、必要な場合には常に誰が〜ingするのかを見定め、論理的主体を考えなければならないのである。常に細心の注意を払う必要があるという原則はここでも明瞭に示されるわけである。「意味上の主語」といった言葉を読者は何度か聞いたことがあるだろう。今述べた*exercising your imaginaion*の*exercising*をする論理的主体のことである。この場合は無論、例文中の*you*である。ち

なみに、この*you*は「読者」とも考えられるし、別に読者ではなくとも誰でもよいわけである。文の正確な意味解釈が可能になるためには、以上のようなことが全部統合されなくてはならない。

　また、これに留まらず、文の意味内容は、場合によっては、その言語を用いる人々の習慣や伝統に暗に関連していることも決して少なくないから、言語を取り巻く文化への配慮も実際には見逃せない重要な要素である。今、最後に述べた二点は「意味上の主語」と「文化と言語」の問題である。前者については第4章の1．で論じるが、後者については別に場を設けて論じなければならない。

　ここで、先の英文の解釈が具体的にはいかになされるかを考察しておこう。第2章の終わりですでに述べたが、文の意味解釈は、分解されて、その互いの機能と関係が判定されている各部分が全体として意味を有する一まとまりに統合されていく過程であったことを思い出して頂きたい（第2章2．(7)のセクション参照）。そこで、まず各部分の特徴と解釈を以下のように一覧表で示しておく。

	構　　造	特　　徴	部分的意味解釈
1	文全体	S－V－O	私は……だと思う。
2	主語の動詞thinkの目的語	S－V－Cの内部構造	詩の最も高次元な機能が……だということを
3	2(従属節)のbe動詞の補語	全体としては名詞句	not A but Bの構造を見抜く。「AではなくてBである。
4	not A but BのAの部分	対句になった不定詞の一つ目。不定詞の動詞の目的語たる節を有する。	知識を授けること、ないしは、ある種の事柄が正しいか、過っているかをあなたに納得させることではなく（この場合のyouは一般人称のyouであることに注意）
5	not A but BのBの部分	対句になった不定詞の二つ目。不定詞の動詞の目的語たる名詞句(同格)を有する。	あなたの感覚を鋭くし、かつある種の独特な知恵─つまり、想像力を働かせることから来る知恵─を与えること

　文の意味解釈は、上述のように分解された各部分を統合することなのであるから、上の一覧表の各部分をある種の規則に従って統合し、結局は次のような解釈が得られるのである。

「筆者は、詩の最も高次元な機能が、読者に知識を与えることでもなければ、ある事柄の正否を納得させることでもなく、読者の感覚を鋭くし、かつ、ある独特な知恵―つまり、想像力を働かせることから来る知恵―を与えることなのだと確かに思うのである。」

(3) 文の訳のルールについて

次に(これまでに習った文の構造上の分類に根ざした)文の訳の順序を考えておきたい。これが、先ほど、ある一定の「規則」という言葉で筆者が示そうとしたことである。まず、以下のような文の場合の訳の順序を考えてみたい(AとBは各、節のことで、このような文を重文と呼んでいる)。

Dick was born in Australia, and he went to Japan two years later.

Dick was born in Australia,	and	he went to Japan two years later	.
A	接続詞など	B	

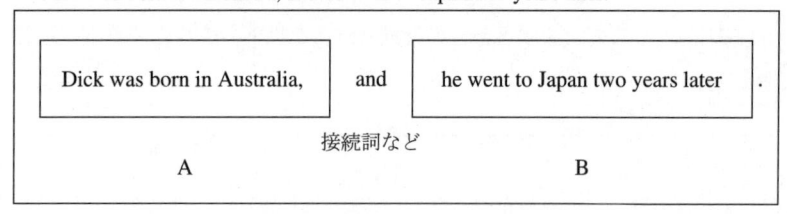

このようなA,B (各々の節を等位節という) の解釈は以下のようになる。まずAを全部訳してから、Bに行くことになり、順行的に訳出することになる。

次に、いわゆる主節の中に、一つの文が埋め込まれた(複文と称される)文の場合を以下で考察したい。

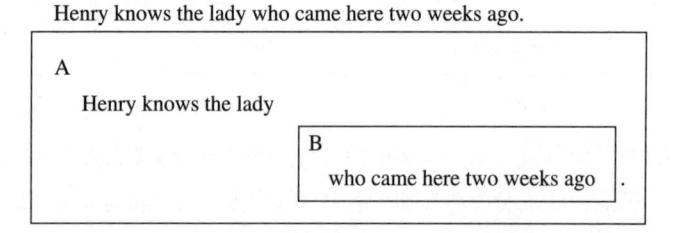

Henry knows the lady who came here two weeks ago.

A
　Henry knows the lady
　　　　　　　B
　　　　　　　who came here two weeks ago .

Aの一部（たいていは主語の部分）を訳してから、Bを訳し、それからAの残りの部分（動詞とそれ以外の部分）を訳すことになる。すなわち、基本的にはBの枠を外してから、Aを訳すことになる。さらに、もっと複雑な（混文と称されている文の）場合を考えてみよう。次のような構造を有する文である。

Last week he went to Paris, and he saw Mr. Brown who was the president of the school.

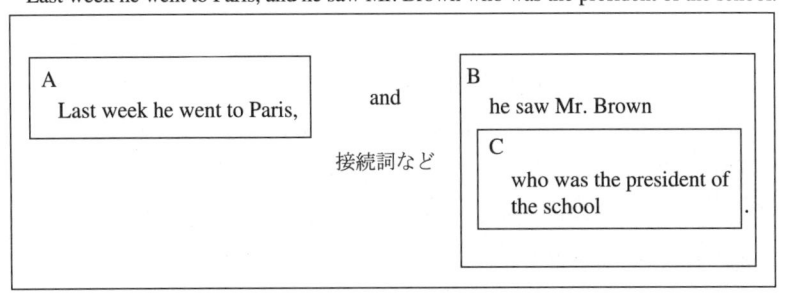

```
┌─────────────────────────────────────────────────────────────┐
│ ┌─────────────────────────┐       ┌───────────────────────┐ │
│ │ A                       │       │ B                     │ │
│ │ Last week he went to    │  and  │ he saw Mr. Brown      │ │
│ │ Paris,                  │       │ ┌───────────────────┐ │ │
│ └─────────────────────────┘       │ │ C                 │ │ │
│                                   │ │ who was the       │ │ │
│                            接続詞など │ │ president of      │ │ │
│                                   │ │ the school        │ │ │
│                                   │ └───────────────────┘ │.│
│                                   └───────────────────────┘ │
└─────────────────────────────────────────────────────────────┘
```

　このような場合は、まずAを全部訳してからBの一部（主語の部分）、それからCを全部訳し、Bの残りの部分を訳すという順序が一般的だろう。無論、訳した場合、文脈などにより日本語として意味が通り易いとか、日本語として馴染んだ表現になっているか否か、といった問題が生じてくるが、それは後の問題であり、翻訳と係わるのはこの次元でのことである。訳の順序を一般的にまとめておくと、重文は順行的に、複文は埋め込まれた文から枠を外して行くと言えるだろう。

4．段落の読解

（1）段落読解のルール
　さて、ここで「木を見て森を見ず」の「森」の方に話を進めよう。この「森」とは文という一つのまとまりを越えた、もっと大きな文の集合（文の無意味な集合ではなく、ある種の関係で結び付けられたもの）である。最も一般的によ

く目にするものは段落である。そこで、段落読解のルールから話し始めよう。

段落というものは無意味に文が集まったものではない。そこには、ある種の文の結び付けられ方が見いだされる。段落にはその内容を代表すると考えられる文が必ず存在するが、その文をトピック・センテンス（TSと略す）と称している。TSはたいてい一般的な述べ方になっており、個々の事柄や具体例を代表するものとなっていることが多い。TSを除いた、他の文は、TSを支持する具体例であったりするもので、TSで述べられたことを細かく個別的に発展させた例であったりするのが普通である。

上でも述べたようにTSは一般的な事柄、あるいは概念的な事柄を述べたものであるから、それ自体は余り面白くないことが多い。話としては、TS以外の具体例である文の方が読者を楽しませてくれる場合が多い。それらは登場人物の個人的な経験や、考え方の具体例であって、読者の関心が向けられるのは、実際にはこれらの文なのである。ただし、段落全体として、その著者が何を伝えようとしているのか、という要点を捉えるにはTSを必ず見抜かなければならない。そういう意味ではやはりTSは重要だということを理解しておかなければならない。

ここで具体例を交えて段落読解のための具体的手順を示しておきたい。まずは例文を見て頂きたい。

> San Diego has spread more than 20 miles north, south and east. It sprawls over the natural contours of the land, rather than following the traditional grid concept, and comprises several distinctive communities. Mission Bay, once a shallow wasteland, is a 4,600 acre aquatic park. Southeast of Mission Bay, 0ld Town preserves the town's rich Spanish-Mexican heritage, while downtown supports the business community, a convention and performing arts center and naval and commercial shopping operations.

このパラグラフの最初の文がトピック・センテンスである。上でも述べたが、トピック・センテンスは段落の内容を代表するものであり、一般的なことを述

べたものである。その他の文はサン・ディエゴという都市の具体的な市街の構成や、この都市のある区域の特徴などであり、補足説明するものであったりする。この先般の段落の初めで述べたことだが、段落というものはいくつかの文の無意味な集合ではなく、明らかにトピック・センテンスで述べられた内容が一つのテーマとして終始一貫して述べられていることが、一つの段落を作り上げている大事な要点なのである。以上述べたような意味的つながりが段落の一貫性を作っているのである。

(2) 段落内の文脈・論理を見抜く技術

さて、前のセクションで段落の意味的な一貫性が重要である旨を述べた。そこで、段落内の文脈の展開を追うための技術面を以下でいくつかの項目に分けて述べておきたい。

a) consequently、hence、subsequently、therefore、thus などの語や、Let's summarize、We will conclude、This concludes などの表現は前に述べられた事柄の当然の結果や帰結であり、そこから派生する主張や見解を述べる。
b) but、however、nonetheless などの語や、by the way、on the contrary などの語句、また I have a different opinion などの表現は a) とは逆に、前に述べられた事柄に対する反対の意見や考え、そこから出てくる代案、修正意見などである。
c) for example、for instance、first、second、next、further、furthermore などの語、また Let's take up one example、We will illustrate this などの表現はそれらの次に来るものが、その前で述べられた事柄の具体例であることを示している。

以上のような語(句)や表現を頼りに段落の内容と構成、さらに論理の展開に細心の注意を払って読解を試みるようにする必要がある。

(3) 書き手の心理を把握する

以上の段落展開の論点はトピック・センテンスとその具体例を見抜き、段落

の論理的発展を示すいくつかの重要な語句に気付くことがまず読者に求められるという点であった。しかし、それだけでは段落読解としては不十分である。なぜなら、物を書く場合、誰でも何がしかの感情をそこには滲み込めてしまうからであって、そのような感情の込められた表現を理解することもやはり重要である（とりわけ、文学作品の解釈にはこのようなことが重要なのである）。次の例文はイギリスの女流作家、シャーロット・ブロンテ（Charlotte Brontë: 1816～1855）が著した*Jane Eyre*の一節だが、ここには主人公である若い女性（作家自身が投影されている）が密に慕う男性への心理が表現されている（イタリックの語に注意して読んで頂きたい）。

I both *wished* and *feared* to see Mr Rochester on the day which followed this *sleepless* night: I *wanted to hear* his voice again, yet *feared to meet* his eyes.

－ C. Brontë, *Jane Eyre*

Mr Rochesterに会いたいという思いと面と向かって視線を交わすのが恥ずかしいという主人公の気持ちがイタリックの語によって示されている。とりわけ、文学作品の場合には、以上のような心理描写が豊かである。作者がどのような心的状態で文章を書いているのかを常に読み取ろうとする習慣を身に付ける必要がある。

　段落を十分に理解するためには、すでに述べたような文脈・テーマの展開、書き手の感情などに十分注意を払わねばならないということが明らかになった。けれども、それだけでは不十分なのであり、さらにこれから指摘するような、人物や事象の指示関係にも気を配っておかねばならない。無論、指示関係を示す場合、代名詞が一般的ではあるが、常に代名詞が用いられているとは限らない。例えば、*I threw away that computer. The thing never worked well.* という文でゴシックの語は同一物を指しているが、代名詞が使われてはいない。コンピューターがうまく作動しないことに対して発話者が抱いていた不快な感情がitという中立の代名詞の使用を書き手に避けさせた原因なのである。さらに次の例をも検討して頂きたい。

However, *an unlucky schoolboy* aimed a hazel nut directly at my head, which very narrowly missed me; otherwise, it came with so much violence that it would infallibly have knocked out my brains, for it was almost as large as a small pumpion: but I had the satisfaction to see *the young rogue* well beaten, and turned out of the room.　― Swift, *Gulliuer's Travels*

この例文は、18世紀前半のイギリスの作家ジョナサン・スウィフト（Jonathan Swift:1667～1745）の、例の有名な『ガリヴァー旅行記（*Gulliuer's Travels*)』の一節である。ガリヴァーが巨人国で捕われの身になり、見せ物小屋に出されることになる。その時に小学生が悪戯半分ガリヴァー目掛けて木の実を投げ付けた場面である。この悪戯小僧はその見せ物小屋から外に放り出されたのであった（文中の unlucky は mischievous、また pumpion は pumpkin のことである）。大事な点は言うまでもなく、イタリックになった *an unlucky schoolboy* が *the young rogue* で受けられていることである。このように作家が指示対象に対して愛着、憎しみ、好意、嫌悪を抱いている場合には代名詞よりも以上の例のように別の言葉が用いられる傾向が強い。このような事例においてイタリックの語が別の人物や事柄を指すのだと考えた場合には文脈が把捉できなくなり、文学作品の鑑賞が不可能になる。

5．長文の解釈

(1) 長文内の論理

さて、いよいよ長文読解の問題を述べる時になった。何をもって長文というかは、定義の仕方で様々に受け止められようが、一応、通念的には長文とは少なくとも段落が三つくらいはなければならないだろうし、その段落もかなり長いものである。すでに述べたが、一つの段落には一つのトピック（話題、論題）があり、一つのテーマ（論旨）が展開されているものである。長文とは、難し

く考える必要はない。長文は、段落がいくつか連なったものなのであり、そのつながり方にはやはりある種の論理がなければならない。それが長文の論理であり、それが全体を一つのまとまりにしているものなのである。そのことは以下のように簡略化されたモデルで示すと明瞭になる。

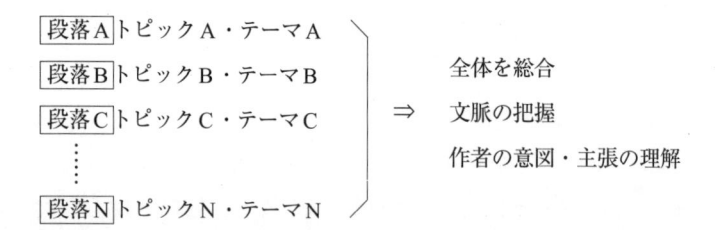

```
段落A トピックA・テーマA  ┐
段落B トピックB・テーマB  │     全体を総合
段落C トピックC・テーマC  ├ ⇒  文脈の把握
   ⋮                     │     作者の意図・主張の理解
段落N トピックN・テーマN  ┘
```

上述した通り、長文は段落の連なりなのであるから、各段落のトピック、テーマを見抜き、それらの論理的発展を捉えるように努めなければ、長文の論旨の展開の一貫性を把握することはできないし、ひいては、最も大事な作者の意図・主張の理解には到りえない。

（2）長文読解──書き手の意図を推測する

　本章を終えるに当たり、一つの長文の具体例を検討し、以上述べてきたような分析手順に従って考察してみようと思う。かなり長い英文だがまずは一読して頂きたい。この例は英国に留学することになった書き手が、ロンドンに着いた時点の心境と事情を述べたものである。

　　I flew a KLM（Royal Dutch Airlines）Boeing 747 jumbo jet which left Narita for Schiphol International Airport, Amsterdam, one of my favorite airports in Europe. We arrived in Amsterdam exactly on time: 7:05 in the morning on 20 September.

　　As my final destination was London Heathrow, I had a connecting flight at Schiphol. The departure time of my connecting flight was 8:00 a.m., and I had an hour to relax: long enough to stretch my limbs and enjoy a morning coffee sitting on a sofa at the airport cafeteria, and feeling comfortable after spending some 16 hours in the aircraft cabin, with an intermission at Anchorage, Alaska. However, an hour at a busy international airport is not so long, since as you know, immediately after your landing, you yourself have to contact the connecting-flight desk to assure your transfer to the connecting flight. It is better to go to the check-in counter at least twenty minutes before your departure time.

On the KLM aeroplane to London Heathrow, a morning snack （some bread with a piece of butter and a small amount of jam, and coffee or tea and a glass of orange juice） was served. You can also ask for a morning paper （*The Times* is available）.

The flight between Amsterdam and London takes just one hour. The time difference between the two cities is exactly one hour. Britain is one hour behind Holland, so, interestingly enough, you arrive at Heathrow at the same time as your departure from Amsterdam. I arrived at Terminal 4 of Heathrow Airport. After landing, you have to go through immigration inspection at the Passport Control. If you have nothing to declare at the Customs Office, you are free to go any place you like after you have told the officer at the immigration inspection desk the purpose of your coming to Britain and the length of your stay. To go to central London from Heathrow you must take either an Airbus or the underground. The fare is somewhat cheaper if you take the underground, but I recommend that you take an Airbus because you can enjoy the scenery from the bus window. （Incidentally, I do not recommend that you stay at a hotel near an airport. I once stopped at the Skyway Hotel, which was a ten minute bus ride from the terminal buildings at Heathrow. You cannot get to sleep easily because of the roar of all the aeroplanes taking off. Imagine an aeroplane taking off with a roar just above your hotel every few minutes.） Actually, I took an A3 Airbus bound for Euston Station. This was very convenient, because only a few minutes' walk took me to my dormitory, John Adams Hall, located just across Euston Road from the bus stop of Euston Station.

> Though I had visited London some ten years before, I felt a similar bewildered anticipation as every fresher feels when he arrives at his university for the first time. Even someone like myself, who has already graduated from a post-graduate school in Japan, cannot help feeling like that.
>
> You will not have enough time to 'inhale' the foreign atmosphere immediately after you arrive at your dormitory or hotel, because you have to perform certain formalities. First you have to go to the Japanese Embassy to fill in the forms about how long you will stay, what your purpose is, where you live in London, and such things. Next, if your address is in the Metropolitan Police Area, you have to register at the Aliens Registration Office within a week after your arrival in London. It is only after these formal procedures that you will feel that you are actually living in London. Then you can begin to look carefully at your new surroundings.　-Nakata, *British Memories*

見ての通り、かなり長い文章であるが、それを一つに組み立てている原理は何であろうか。それは「時間関係」である。明らかに書き手は時間的経過に従って段落を組み立てている。第一段落では成田からアムステルダムまでKLMの飛行機で行ったという旨のことが記され、第二段落ではその飛行機の航路に当たるアンカレッジでの中継とアムステルダム到着後、ロンドンへの接続便への手続きを行うといったことが述べられている。第三段落ではロンドンへの機内で朝のスナックが出されたこと、第四段落ではロンドン到着後に入国審査を受けたこと、さらにヒースロー空港からロンドン市内中心部に行く方法が述べられている。

その次の段落では、著者が十数年前にロンドンを訪れた時のことに思いが及んでいるわけである。無論、この部分はこのエッセイ全体の流れの中では無くても良さそうに見える部分であるが、これは直前の段落でロンドン市内のことが触れられたのを受けてのことであるし、さらに、イギリスの大学に留学するためにロンドンに到着した時点の感慨深さが明らかであるから、やはり関連していると言える。そして、最後の段落では再び、元の時点に戻ってロンドン到着後、そこに住むための正規の手続きのことが書かれているのである。

さて、いかなる言語の学習であれ、今述べてきたような大きな視点に立った見方がどのみち要求されるのである。さらに、この文章を書いた書き手の意図は何であったのか、という問題を最後には考えなければならない。乗物のスピードが早くなっていともた易く外国に行ける世の中になってきたことは事実なのだが、やはり16時間もかかって到着する外国の地を踏むことは感慨深いことに違いはない。そのような書き手の思いがいたるところに表出されている。以上のように、長文の解釈で最も大事な点は作者の意図・真意の把握なのであるということを常に念頭に置きながら、長文に取り組まねばならないという点が確認される。

第4章

英語学習上の問題点──構造、意味および発音

　中学校で3年、高等学校で3年と英語の学習を積み重ねていながら、結局、英語が今一つよく分からないといったことをよく耳にする。それは学校文法では明確に教えられてもいなければ、あるいは、教える側も気付いていない盲点が相当あるからではないか、と考えられる。このような盲点は英語を本当に理解していると言えるためにはかなり重要な事柄であることが多い。そこで、本章では、そのような盲点と思われる問題をいくつか項目別に、具体例を交えて話したいと思う。

1．不定詞句と意味上の主語の問題

（1）形容詞と不定詞句
　まず、以下のような例文を検討して頂きたい。

　1）Mark is sure to come.
　2）These sonatas are very easy to play on this violin.

以上の二例はいずれも「学校文法」的に言えば、*Mark* と *these sonatas* が主語、*is* と *are* が *be* 動詞、*sure* と *easy* が主語補語（主格補語という言い方は本来、不適当）であって、後続部分はともにto付き不定詞（の副詞用法）ということになる。つまり、1）と2）は以上のような分析を受け、結果的にはともにまったく同じ文型の、しかも同じ構造の文だということになる。以上のような分析で

もって教える側は学ぶ側が分かったものと思い込んでしまうものである。けれども、よく考えてみると、1）の場合、*Mark* が *to come* の論理的主体であるのに、2）の場合は these sonatas は to play の論理的主体ではなく、論理的には *to play* の目的語である。このようなことは指摘・検討されないばかりか、授業中に気付かれもせず見過ごされているのが実情ではないか。

　以上の二例で重要なのは、同じ文型であり、また同じ構造でありながら、不定詞の論理的主体が一方は文頭の主語、他方はそうではないという意味の問題である。そのため1）は3）のように書き替えが不可能だが、2）は4）のように書き換えが可能なのである。以下の書き換えを考えて頂きたい。

3）＊It is sure to come Mark.
4）It is very easy to play these sonatas on this violin.

したがって、このような意味の問題は十分に理解されていなければならないのに、たいていは気付かれもしないままに遣り過ごされている。と言うより、書き換え可能な2）のタイプの例文のみが練習問題として生徒に与えられているはずである。そのため、学習者は1）と2）のように表面上は同じ構造の文が、すべて同様に2）→4）のように書き換えできるものと知らず知らずのうちに思い込んでしまっているのではないだろうか。以上のような1）から3）への書き替えの不可能性、逆に2）から4）への書き換えの可能性は1）と2）の（不定詞の論理主語の違いという意味での）意味の違いを明確にするのに非常に重要であった。経験的に言って2）のタイプの文の方が1）より遥かに数多く出合うタイプの文であろう。

　そこで、1）が単にこれしかないという例外であれば、簡単に例外として片付けられてしまって良いのだろうが、これは例外ではない。1）に類する例は以下のように他にも数多く見いだされる。

5）Peter is willing to join our party.
6）Jackson is ready to pick us up at the station.

7) McNamara was zealous to express his opinion on that issue.
8) George was eager to please.
9) The boys were earnest to find the excuse.
10) William seems reluctant to talk about that matter.

　以上のように1）の類例が他にいくつも考えられるわけで、1）の不定詞の論理主語の問題は単なる例外ではない、ということが明白であるから、1）と2）の論理主語の相違の問題をいかに考え、いかに処理するのかを検討しなければならない。1）の sure、5）の willing、6）の ready、7）の zealous、8）の eager、9）の earnest、10）の reluctant はいずれも人間の心理状態を記述する語であるということに注目して頂きたい。無生物や to play these sonatas などといった抽象概念が earnest になったり、何かに willing になったりしえない。それが1）から3）への書き換えの不可能な理由なのである。言い換えれば、1）などの例文は earnest になりえるもの、また何かに earnest であることが可能なもの、つまり、人間が主語に来なければ意味的に許されない文ができてしまう。そのような意味で1）の sure タイプの形容詞は2）の easy タイプの形容詞よりも主語に来る名詞（句）への制約が強いタイプのものだと言っておいて構わないだろう。
　このようなタイプの形容詞と論理主語の問題が指摘され、教えられることは皆無に近いだろう。しかし、学習者はこのような事例に実際には何度も遭遇し、必ず経験するものなのである。その都度、自らの内省を通して、あるいは、クラスの授業を通して「和訳」という形で意味の違いが教えられるものである。それで、漠然としたものであっても、何とかルールらしきものを経験的に身に付けた学習者は英語とはそんなに難しいものだとは思わなくなって行くだろう。けれども、数多くの例を類推的に論理的に考えようとしない学習者にとっては、ある文の場合に文頭の主語は不定詞の論理主語であり、別の場合には文頭の主語は不定詞の論理目的語であるという「気紛れ」に直面し、一体何がどうなっているのか分からないまま、混乱してしまうものである。したがって、教える側は1）と2）のような例を教える場合には形容詞の性質を十分に納得させる

ように務める必要があるだろうし、それとの関連で主語と不定詞の問題を把握させようとしなければならない。

(2) 動詞と不定詞句

　さて、以上のような現象が、動詞の場合にも当てはまるということを検討しておきたい。例えば、次のような例を考えることができるだろう。

　　11) I promised Helen to write to Jane regularly.
　　12) I asked Helen to write to Jane regularly.

以上の例で 11) の場合、*to write to Jane regularly* の論理主語は *I* なのだが 12) の場合は Helen である。しかし、11)、12) のいずれも主語＋動詞＋目的語＋不定詞句という構造分析を受けることだろう。だが、目下、今述べたような文の形式的分析では 11) と 12) の不定詞の論理主語の問題は解決できないということを指摘しておくだけでよかろう。

　11) と 12) に類する問題として、13) の例を考えることができる。この場合は主動詞が ask であることにも注意しておいて頂きたい。

　　13) I asked Helen what to do next.

この場合は主動詞が *ask* であるのに、論理主語は 12) と異なり、Helen ではない。一見、このような問題も、やはり不注意な学習者を悩ませる問題であり、混乱させるものなのである（もっとも、彼らは考えようとしないだろうが）。11)〜13) を熟考してみると、11) と 13) は何らかのことを間接目的語の位置に来る人物に告げる類の動詞なのであり、その人物に何かを依頼したり、何かをするように 'committment' を求める類の動詞ではないことが分かる。つまり、11) と 13) のような場合は主動詞の主語が、間接目的語に後続する不定詞の論理主語となるのである。したがって 12) と 13) の区別は *ask* という動詞に内在する意味的差異の問題なのである。このような事例も、やはり第 2 章で概述したよ

うに語学における細心の注意の重要性を示唆する具体例だと言えるだろう（第2章1．(8) のセクション参照）。以上で述べて来たような、形容詞ないしは動詞に後続する不定詞（句）の論理主語の問題は意味の問題として非常に重要でありながら、教室では明確に教えられることがないだろうし、ごく一握りの入念で意欲的な学習者は別として、そのことは気付かれもしないまま遣り過ごされており、それが英語を難しくさせている問題の一端であるように思われる。

2．文法構造と意味関係──文法構造・文法規則の有限性

　以上のような問題は形容詞ないしは動詞と、それに後続する不定詞句の論理主語に関係する意味の問題であるという点を、指摘しておけばそれで十分だという類の問題ではない。なぜなら、それは文法構造上は同じ文型（ないしは類似した文型）と同じ構造を有していながら、その中で表される不定詞とその論理主語という問題に限れば不統一が生じるという性質の問題だからであり、結局それは（いかなる言語もそうなのだが）英語なら英語という言語を組み立てている構造、文法規則などが有限でなければならない、という言語の本質に係わっている問題だからである。一つの意味を表すのに一つの構造が必要なら、異なる意味ごとに異なる構造が必要となり、そうなると言語の習得は不可能となるだろう。明らかに、いかなる言語であれ、その言語の文法規則は有限の規則体系なのであり、それを学習者（母国語であれ、外国語としてであれ）は経験・教育、さらに意識的な学習を通して学んで行くわけである。
　上述の1）〜13) の例の問題は、次のような喩えを考えれば理解して貰えよう。今、ここに一台のコンピューターがあるとしよう。コンピューターというハード・ウェアは、そこに入れられるソフトの内容によっていろいろな仕事が可能になる機械装置であることは周知のところである。同じように同一の文型・構造というハードを用いて、いくつかの意味関係（コンピューターのソフト面）を表すことになる、と言っておいてもよい。これは実に効率の良いハード面の利用の仕方ではないだろうか。一つの道具を何通りにも兼用しているが

如きである。

　以上の議論の中に登場したような例が英語に留まらないということを示すフランス語の一例を提示しておきたい。

　14）　a）　J'ai fait faire un vêtement à mon tailleur.
　　　　　　（＝I've made make a suit to my taylor.）
　　　　b）　J'ai fait faire un vêtement à mon fils.
　　　　　　（＝I've made make a suit to my son.）

明らかに14a）と14b）はまったく同一の構造、同一の文型でありながら、通常14a）は「私はいつもの仕立て屋に服を作らせた」で、14b）は「私は息子に服を作ってやった」という意味だと解釈される。すなわち、14a）の *faire un vêtement* の論理主語は *mon tailleur* であるのに、14b）の場合には文脈から理解される人であるか、誰か別の人である。以上の例からも分かるように言語の文型・構造というハード面と、そこに入れられるソフト（意味の面）は一様ではないということである（V-2「曖昧さ」参照）。

3．書き換えに関する問題

　次に書き換えに内在する問題を、いくつかの事例を交えて考察しておきたい。高校高学年の学習者はよく文法・作文の授業で次のような書き換えの練習問題に遭遇するものである。

　15）　a）　She knows that John is a thief.
　　　　b）　She knows John to be a thief.
　16）　a）　She believes that John is a thief.
　　　　b）　She believes John to be a thief.

学習者にa）〜b）への書き換えを行わせる根拠として、a）とb）は意味的に同じだという理由が常に与えられているように思われる。しかし、このような安易な理由付けもやはり不用意な学習者を混乱させる原因の一つに数えられるだろう。このような書き換えについて理由すら与えていない文法参考書や問題集は数多い。また、単に書き換え問題として数多くの類例が挙げられているものも数多い。数多くの参考書や問題集の示すように、15a）と15b）、16a）と16b）が同じ意味なのかどうかという点が実際は問題であるし、それを確認しなければならない。まったく同じ意味ならば、どちらか一方を知っておけば、それで事足りるわけである。しかし、両方あるということは、意味的相違があるからなのである。言語はまったく同一の事柄を表すのに二つの異なる表現を許容するものではなく、そのような場合、いずれか一方が使われなくなって行くものである。

　15a）と15b）が意味的に同じでないことは上の段落で述べた。では、どのように異なっているのだろうか（そのことを正確に説明できることが、やはり有能な教師の資質の一面であるし、ひいては、そのような説明を与えられた学習者は、文脈の重要さを知ることになるだろう）。15a）は、話し手（ないしは書き手）が自ら*John*の窃盗の場面を目撃したといったような、直接的体験を通して知っているということなのであり、15b）にはそのような含みはなく、むしろ、誰かから聞いた、あるいは何らかの状況証拠などによって知ったという含みである。16a）と16b）の違いも同様に、*John*が窃盗を行った、ということを話し手（ないしは書き手）が直接に信じるに足る証拠を有するか否か、という違いが含みとして暗示されているのである。

　無論、以上で述べたような事柄を学習者に教えなければならない、といった言い方はいとも簡単にできようが、実際には学習者の学年が低くなるにつれて、理解させることは口で言うほど生易しいことではない。そのようなことを教える時間的余裕がない、という学校の教育現場からの反論も十分承知している。けれども、そのような事柄を理路整然と説明しなければならない状況が起きないとも限らない。また、現に優秀な生徒の中には、そのようなことを知りたいと思う者がいるかもしれない。そのような時に学習者の満足しうる説明を与え

てやることができれば、その学習者の理解は格段と深まるはずなのであり、英語という言語に以前にも増して興味を抱くことになるだろう。15a) と 15b) の違いはこれらの文を単独で捉えていたのでは理解しにくいのであって、もう少し大きな文脈の中で捉えてみると両者の違いが明白になる。例えば、17a) と 17b) を比較検討して頂きたい。

17) a) When she looked through the documents, she found that Ole Andersen was a Dane.
    b) ?When she looked through the documents, she found Ole Andersen to be a Dane.

17a) は問題ない文であるのに to 不定詞句を有する 17b) の文は許容されにくい。17b) が許容されにくいのは、*When she looked through the documents* という部分で示されている客観的・直接的証拠である *the documents* を見ているはずなのに、*she found Ole Andersen to be a Dane* というふうに確信しきれていない、あやふやな心的状態を示唆する表現が用いられているからで、*When she looked through the documents* と *she found Ole Andersen to be a Dane* という表現の間に表現上のアンバランスが生じているからなのである。

4．代名詞は単なる名詞の「代り」か？（口語の特徴との関連において）

次に代名詞に関連する問題をいくつか検討し、そのような問題もやはり英語学習・教育の盲点的な事柄に属していることを指摘しようと思う。「代名詞」と聞けば、常にと言ってもいいくらい「先行する名詞（句）の代りに使われるもの」といった定義が与えられている。このような定義・説明が正しくないとは言わないまでも、場合によっては曖昧である。無論、以上の定義によって説明できる代名詞の出現の例は数多くあるだろう。けれども次のような例文は以上の定義によっては説明できないだろう。

18) When I saw *her* in the city hall, *Miss Henderson* was with her father.

このような例では代名詞はそれが指示する名詞の前方に現れていながら許容される文なのである。明らかにこのような例は上の定義に入ってはいない。代名詞が従属節の中にある場合、その指示する名詞の前方に現れても構わないのである。さらに次のような例文にも注意しなければならない。

19) Wash and core *several cooking apples*. Put *them* on that dish.

上例の場合、明らかに代名詞は *several cooking apples* を受けている。代名詞出現の順序も定義通りである。そこで、一体何がどういうふうに問題なのかと訝しく思う向きもあるだろう。しかし、よく考えれば *several cooking apples* ではあるけれども、そこには状態の変化があることに気付かれるだろう。なぜなら *them* は水洗いされ、芯の抜かれたリンゴだからである。このような例文はよく出てくる可能性があるにも拘らず、そのような問題が指摘され、検討されることはまず無いのではないか。それもそのはずで、多分このような問題に教える側も余り気付かないものだからである。そこで、このような例はたいてい見過ごされてしまうが、料理のレシピに関する記述の場合、19) のような例はよく見かけられるものである。

「代名詞は名詞（句）の代り」をするという定義を信奉しようとしても以下のような例はこの定義の根本的修正が必要である旨を明示するものである。その修正は代名詞出現の構造記述とは異なる次元での問題である。

20) Stop bus vandals by reporting it to the driver.

このような例文で *it* は一体何を指すのであろうか。表面的に何も指せないのは明白である。この場合 *vandals* という言葉を聞けば、誰もが *vandals do* an act of vandalism といった前提を心に思い浮かべるが、その中の an act of vandalism を代名詞が受けていたのである。このような問題は漠然と気付かれてはいても、

正面切って取り上げられ論じられることはほとんどないと思われる。

　以上論じてきた問題は「代名詞が先行する名詞（句）の代り」として用いられるものだという定義が単に表面的な代名詞出現の構造記述に依拠したものであり、それゆえ、定義として不十分であるということであった。結局、問題は、そのような定義では扱えない例が数多くあるということ、さらにそのような例に学習者は実際には何度も遭遇する可能性があるにも拘わらず、授業などではほとんど気付かれもしないまま遣り過ごされている、という実態と、そのような問題は暗黙裏に学習者任せになっているという事実があるということなのである。

　さて、以上、代名詞出現の問題について若干の例を挙げて論じてきた。以下で、さらに二、三の具体例を挙げて、代名詞出現に関してどのような問題があるのかを指摘し、その解決方法を示すことにしたい。まずは次の例を検討して欲しい。

21) The government has responsibilities for the current financial crisis in the United States. *They* have been severely criticized in both foreign and domestic press.

この例で問題なのは二つ目の文の *They* である。これは明らかに The government を指しているが、それは単数である。しかし、意味的にこの The government が指示するのは政府関係者であるから、そのような複数の人物を暗に指すわけであり、複数で受けられているのである。

22)　On another occasion I went punting with a couple of girls and my friend Willy. As we passed under a low bridge, Willy, who was punting, pushed against it as hard as he could to increase our speed. The boat shot forward, and Willy was left hanging from the bridge! We could only look on in amusement as Willy struggled to keep his hold. But just at that moment and quite by chance, another punt appeared and passed under the bridge exactly beneath Willy's dangling feet. To his relief and to their surprise, Willy let go and landed right in the middle of their cucumber sandwiches! －Dougill, *Oxford*

この例も21）同様に表面上は*they*、*their*の指し示す直接の対象がない。しかし、この場合 *another punt appeared* という表現に重要なヒントが隠されている。puntingは一人で小舟に乗って楽しむ遊びではない。数人の人々が船上で愉しさを味わうものである。そこで、この場合もやはりpuntに乗って船遊びを愉しんでいたはずの複数の人々が暗黙裏に想定されており、それが、*they*、*their*で受けられたのである。

23) *Mother*: She was potty trained at one and-a-half.

Interviewer: Gee! That's good.

M.: Potty trained early but walk slow. You know. I've always heard it's better if they're a slow walker because it takes so much coordination to crawl, and I don't know if this is true or not, but I've always been told that the longer a child ......（pause）...... crawls, the more coordinated they'll be. I don't know if that's true or not, but I know when ......（pause）...... there are children who are uncoordinated, sometimes for practice *they*'ll make them crawl. She was a good crawler and she wasn't, you know, when she first started crawling she wasn't one of those that crawled on her stomach, you know. She just started crawling. She wasn't a scooter, you know. Some kids scoot and some roll, you know.（Getting out baby book,）Jill started crawling ......（looking through book, pause）...... I have this in here somewhere. Oh! Ah ......（pause）...... I think she was almost thirteen months old when she started. Okay ......（pause）sat up at six months, I remember, <u>she, it took her a long time to sit up</u>, too. or sit up, but she stood up at eighteen, er ......（pause）...... eight months, but she didn't start walking until um ......（pause）...... you know, walking across the room ...... um ...... let's see ......（pause）..... I always meant to write all this（laughing）and just never did!

この例の場合は上例ほど簡単にはいかない。問題なのはイタリックの*they*である。これは明らかにmothersを受けるが、そう考えられる根拠は何であろうか。意味解釈は基本的にはその文の文法構造の統語的・意味的分析から得られるのであるが、それに付け加えて常識、世界についての知識、人間社会一般のルールなど様々な事柄がやはり関わっている。そのことをこの例が示している。母親が自分たちの子供に這い這いの練習をさせるのであって、逆に幼い乳飲み子が自分たちの母親に這い這いの練習をさせるわけではない。そのような常識、世界についての理解などが以上のような判断を読者にさせるわけである。

ちなみに、この例は日常の会話のやりとりであり、口語の特徴をよく表している。下線の部分は*she*と言いかけて、うまく文が作られないという即座の判断から、話し始めた直後で*it took her*〜という統語形式に文の構造を変更しようとする、文構造上の計画に変更が生じたことを物語っている。また、随所に*you know*が発せられているが、この*you know*にはたいした意味はなく、日本語の「あのー」とか「えっと」などのつなぎの言葉によく似た機能と効果を有する。さらに数多くの部分で小休止が入っていることも口語の明確な特質の一つだと言える。

5．日本語発想の影響 —— 一つの具体例

（1）文法構造・語法などの混同

英語の再帰代名詞も日本語の「自分」という語の用法との関連で非常に興味深い問題を提起するが、そのような問題が実際の英語の授業などで指摘されることはないだろう。まず再帰代名詞が現れる文法的制約を考えておきたい。というのも、再帰代名詞出現の制約が考えられることはきわめて稀であるし、皆無と言っても過言ではないからである。まず、次の例文を見て頂きたい。

24) a. *Johnson* believes that he has found a new hypothesis.

　　b. Johnson believes that *his students* must discipline *themselves*.

c. *Johnson* said to *himself* that he had found a new hypothesis.

24a）〜24b）の例文から分かるように英語の再帰代名詞は同一節内に現れなければならない、といった制約があるけれども日本語の場合にはそのような制約は無く、日本語の再帰代名詞が現れる文法的制約は英語に比べて遥かに緩やかであることが分かる。明らかに英語の—self形は24b）〜24c）からも示されるように、同一節内に現れないといけないことが分かる。、すなわち、24b）の場合には従属節のthat節内に、また、24c）の場合には主節の中に再帰代名詞とその先行詞が現れている。日本語の場合の「自分」という再帰代名詞は24a）、24b）の日本語訳「ジョンは、（自分が）新たな仮説を発見したと信じている」、「ジョンは自分の生徒が自己をきちんと律しなければならないと信じている」のいずれの場合にも使われうるのであり、この点で英語と日本語は大きな違いを見せる言語である。

　以上のような点の確認はやはり大事である。なぜなら、英語の—*self*と日本語の「自分」は使われる文法的環境が異なっているから、日本語の「自分」が常に英語では—*self*だとは限らない、という認識に到るからなのである。この点を正確に把握しておかないと、次のような文章を書いてしまうことになる。この例は現にある大学生（英語の専攻ではない）が実際に作文したものであり、本節で述べてきたように、日本語の発想が非常に明瞭な形で英語の作文に影響している具体例となっているから、ここに引用した次第である。

25）　Men have three selves. One of them is self which self and others know. The other of them is self which self knows, but, others do not know, the third of them is self which others know, but self do not know. I interpret that first is identity and one's past history, second is the interior, third is objective valuation against self. . . .

この例はいくつかの面で稚拙な過ちを有する例であるけれども、日本語の「自分」が、いかなる場合も、即、英語の—*self*だと思い込んでいることをこの上なく示す好例となっている。外国語を学ぶ時には、その言語について何事もも

っともだと思うなかれという原則をしっかり身に付け、常に確認する姿勢を培わなければならない。以上の再帰代名詞の例のように、案外自国語の様々な面が無意識のうちに影響を与えている場合が多い。

（2）日本語の影響（語彙や発音）
　（1）で日本語の「自分」が英語の—selfだという思い込みから学習者がいかなる文法・語法上の過ちを犯すのものなのかを示した。このような思い込みは発音・語彙の面で案外多く、日本語では片仮名によって表される外来語や、和製英語などが、英語でそのまま通用するものという思い込みは本当に数多くある。と言うよりも、むしろそのような問題は考えられもしない、というのが実情ではないか。そのような発音面での日本語の影響をいくつかの項目に分けて考察したい。

A）実際に英語にあるが、日本語に入って片仮名表記されているものと、実際の英単語の発音がかなり異なっているもの。

　① 数多くの国名を表す語などがこの代表例である。以下に数例を挙げる。
　　アメリカ［amerika］ － America［amérikə］
　　イタリア［itaria］ － Italy［ítali］
　　イングランド［ingurando］ － England［íŋglənd］
　　インド［indo］ － India［índiə］
　　カナダ［kanada］ － Canada［kǽnədə］
　　コロンビア［koronbia］ － Columbia［kəlʌ́mbiə］
　　スウェーデン［sue:den］ － Sweden［swí:dn］
　　ブラジル［buraziru］ － Brazil［brəzíl］
発音記号に直すと日英双方の発音が相当異なっていることが判明する。

　② 一般名詞。日本語と英語の単語が似ているがアクセントの位置が違ったり、母音の発音が違ったりする例。以下にいくつかの例を挙げる。

アンテナ［antena］－ antenna［anténə］
ステーキ［suteːki］－ steak［stéɪk］
セーター［seːtaː］－ sweater［swétər］
タオル［taoru］－ towel［tauəl］
タワー［tawaː］－ tower［táʊə］
Tシャツ［tiːsyatsu］－ T-Shirt［tiːʃə́ːt］
テーブル［teːburu］－ table［téɪbl］
ドア［doa］－ door［dɔːr/dɔːə］
ドル［doru］－ dollar［dálə/dɔ́lər］
バッグ［baggu］－ bag［bǽg］
バッター［battaː］－ batter［bǽtər］
ボート［boːto］－ boat［bóʊt］
ポンド［pondo］－ pound［páʊnd］
ラジオ［rajio］－ radio［réɪdiòʊ］
ランゲージ［rangeːji］－ language［lǽŋgwidʒ］

B) 一見英語のように見え、英語でも同じ意味で用いられそうなのに、英語では通用しない和製英語の単語。

　コピー － photocopy
　ズボン － trousers、pantalons
　ハンドル － steering wheel
　ナイター － night-game
　フロントガラス － windshield
　ボールペン － ball-point pen

以上のような例はほんの一部であり、このような例は他にいくつも挙げられるだろう。
　さて、以上英語学習の盲点的な問題をいくつかの項目に分けて具体例をも交えながら論じてきたが、その問題の性質、重要性は各々の問題ごとに異なって

おり、したがって各々の問題ごとに具体的な解決策が見いだされなければならない。第2章1．(8)の論点であった言語学習上の細心の注意の重要性が思い起こされるだろう。そこでの議論は文法構造を見抜くための細心の注意であったのだが、日本語と英語の発音の相違を理解し、実践する上でも細心の注意力が求められるのである。このような問題のいずれにも通用する万能薬はないだろう。ただ、教訓的な言い方をするなら、「言語についての意識を鋭敏にせよ」、あるいは、「言語においては何事ももっともだと思うなかれ」といったことくらいであろうか。

第5章

「文脈」と意味解釈

1.「文脈」とは何か

(1) 狭義の文脈

　「文脈」とか「前後関係」とかいった言葉は言語の授業中よく聞かれるものである。何のことか今一つピンと来ない学習者も多いのではないだろうか。それは当然である。中学や高校で「文脈」などという言葉が定義されることはないだろうし、教える側も何時とはなく場当たり的にこのような言葉を授業に持ち込んで来るものだからである。また、そのような用語は使う人ごとにニュアンスや響きが違っていることもありうるだろう。なかでも、それを用いる人の文化的背景や教育といった事柄はかなり厄介な代物であり、それらが「文脈」という言葉の指示内容に影響するからである。

　そこで本章では（文化・教育、社会環境といった非常に大きな問題を現段階ではできるだけ考慮に入れないで）、言語の形式の面で明瞭な形で表れていながら、授業中教えられていなさそうな事柄を「文脈」との関連で取り挙げ考察したい。

　第3章の終わりで長文の解釈を行うのに一つの具体例を提示したが、その第一段落をここでもう一度引用して「文脈」が何を意味するか（余りにも特殊な文化的背景や社会環境などを考慮しない狭義の意味での「文脈」）を考察したい。

1) *I* flew a KLM（Royal Dutch Airlines）Boeing 747 jumbo jet, which left Narita for Schiphol International Airport, Amsterdam, one of my favorite airports in Europe. *We* arrived in Amsterdam *exactly on time*: 7:05 in the morning on 20 September.

見てのとおり、この段落は二つの文から成る。「文脈」を考えるに当たり、イタリックの語に注意して頂きたい。初めの文の主語は I であるのに、二つ目の文の場合は We が用いられている。無論、二つ目の文の We は I でも良いのだろうが、「文脈」を考えた場合にはやはり We の方が適切であろう。最初の文の I はこの文章の書き手のことであり、説明は不要だろうが、二つ目の文の We は明らかに同じ飛行機に乗り合わせた人々（パイロットから乗客全員に至るまで）のことであり、当然そのことは私たちの普通の経験世界一般の事柄として常識的に了解されているはずだから、I よりも We の方が適切なのである。この類例を二つ挙げておく。列車の車掌はよく "We're now approaching London Euston." などと案内するものである。この "we" は明らかに車掌と特定の誰かではなく、車掌を含めた乗務員全員、乗客全員のことである。また、医者はよく患者に次のように言う。"Well, shall we get up early tomorrow, Mr Harrison?" 無論、医者自ら患者とともに早起きするとは限らない。このように "we" が用いられるのは、患者に対する思いやりや、親しみの情の表現なのである。さらには、患者への処方を実行させる一つの手段でもある。

さて、1) の話に戻ろう。二つ目の文の *exactly on time* も注意を要する語句である。単に著者がその語句を使いたいから使ったわけではない。*exactly on time* が使われていることによって読者は筆者の乗る事になっていた飛行機の到着予定時刻が 9 月 20 日の午前 7 時 05 分だということを知ることになる。*exactly* があることにより、この場合の飛行機の到着時刻のことを逐一細かく書かなくとも済むのである。また、それを文字通り書かなくとも *exactly* 一語で済ませるという意味でもこれはきわめて要領を得た簡潔な表現の仕方ではないか。以上のように暗に了解されている事柄（と言っても、たいていの読者が同じようなことを推測できる必要があるわけだが、そのような意味で了解されている事柄）

が「文脈」という言葉で意味される事柄の一端である。

(2) 慣用句は要注意
　英語の学習者はよく参考書などで「慣用句」とかいった言葉を目にするだろう。その場合、たいていの慣用句は熟語という言い方で提示され、二、三の例がまったく文脈から切り離された形で提示されているものである。数多くの参考書や熟語集はこの種の書物だと言っておいてもよかろう。無論、たいていの場合にそれで問題は生じて来ないかもしれないが、そのような文脈を無視した学習法にはやはり限界もある。多少難しいかもしれないが、いくつかの具体例を検討しながら以上述べてきたことを確認したい。

> 2) Occasionally, language is used for purposes other than communication — for example, to *let off steam* (as in our vocal reaction to hitting our fingers with a hammer)....　— Crystal, *Linguistics*

以上の例で慣用句 *let off steam* は辞書を引いて見ると、「鬱憤を晴らす」となっている。無論、それで構わないかもしれないが、それでは何となくピンと来ないし、前後のつながりもうまく行かないように思われる。一体、何の「鬱憤を晴らす」のであろうか。
　2) の英文の理解は *let off steam* の解釈にかかっている。それは、この場合の *let off steam* を訳した結果、その和訳が日本語として「なるほど、そういうことか」と読者を納得させることができるか否かにかかっている。2) の例文の場合、明らかにある人がハンマーで何かを叩いている場面で過って指を叩いてしまった状況であるわけだから、そういう時に私たちは恐らく「あっ、痛っ……」という言葉を思わず知らず口にするのではないだろうか。辞書通りに「鬱憤を晴らす」と考えているとしたら、原著者の真意は汲み取ることができないだろう。それが見抜けるか否かは今述べてきたような意味でやはり重要な問題だと言わざるを得ない。
　さて、次に示す例は、文脈を考えなければ、事実、日本語に訳出不可能と思

われそうな具体例である。まず、英文を熟読し、イタリック部分の意味を推測して頂きたい。

3) But the question arose then, and arises now: how much phonetic variation are we going to allow in under the heading of an allomorph? Using the same reasoning as in the previous paragraph, we would presumably analyse *the bigger woman* into *the +big (g)+* er + *woman*, the *-er* being the mark of 'comparison' here. But in English, whenever an adjective is longer than two syllables, there is a dominant tendency not to use the *-er* method of forming comparatives, but to use *more* instead, as in *the more beautiful woman* (not * *the beautifuller woman*). Here, *more* is the index of comparison. We are thus forced to argue that *more* and *-er* are phonologically conditioned variants of the same morpheme. But there is clearly certain tension in doing this, and the possibility of considerable conceptual confusion, when we compare what we have done with the earlier statements of morphemic principle. There it was said (in so many words) that words were composed of morphemes—but here we have a morpheme one of whose forms is a word! It was also suggested that morphemes had to be phonetically similar, and yet here we have two instances of the same morpheme with nothing phonetically in common at all (/ mɔ:/ and/ ə / respectively). The situation has a hint of topsy-turveydom about it. If we allow in this amount of phonetic flexibility, then **the floodgates are open**—all sorts of forms could be called instances of the same morpheme if they were simply grammatically and semantically identical....

― Crystal, *Linguistics*

この例文は英語の形態論に関する記述である。形態論というのは単語の構造を研究する英語学の一分野である。上記3) の例文は形態素をいかに識別するか、分類するかという問題を論じているが、その分類には様々な問題が内在するという議論である。明らかに問題点はイタリックになったゴシックの部分である。その部分は文字通りに訳せば、「水門が開く」という意味である。しかし「水門が開く」と訳したのでは、その部分の前後の意味関係が把握できなくなる。こ

れは明らかに比喩的な表現なのであって、ものの喩えである。水門が開くと、水がどっと流れ出てとめども無い状態を呈する。したがって、この場合は前後関係を考えて問題の箇所を「事態の収拾がつかなくなる」のような訳が適当だろうと思われる。

次の具体例は実に興味深い。なぜなら、学習者は慣用句を学ぶ場合にたいてい辞書通りの型を考えてしまい、それを具体例に適用するものだからである。しかし、そのような類推は次の例には当てはめられない。それは文脈を十分に考えれば納得して頂けよう。現実の言語活動では文脈・実際の状況などにより、そのような柔軟さが許容されるのである。

4) It is also important in discussing questions of linguistic thoery to avoid confusing matters of theory with matters of procedure. A clear distinction between the two is essential, as I suggested earlier, but it has often not been made, and the two have sometimes got very mixed up, theoretical problems usually being ignored *at the expense of* procedural ones.

― Crystal, *Linguistics*

この事例では通常の慣用句の定式がそのままでは当てはまらないことが明らかである。*at the expense of*〜は「〜を犠牲にして」というのが普通の定式であるから、〜の部分が犠牲にされるのである。しかるに4)の例の場合には「〜の犠牲になって」と考えなければ文脈の論理に反することになる。そこで、このような事例も、文脈を考慮に入れて初めて意味を確認できると言える。

2．意味的曖昧さの問題

(1) 曖昧さはなぜ生じるのか

　文脈を論じる場合、これまで述べてきたように文同士の前後関係を論じるのが一般的であろう。しかし、本節に示すように、「曖昧さ」の問題を論じること

によっても文脈の重要さを示すことができる。私達は日常生活を行う中で、通常一つの文を単発的に、しかも散発的に用いることも無ければ、目の当たりにしたりするわけでもない。外国語のリーダーの授業でよく見かける外国語のサンプルは一まとまりになったテキスト（話し言葉であれ、書き言葉であれ、一まとまりになって提示されるもの）なのであり、一つ一つの文が単独で提示されるわけではないから、そこには曖昧さが入り込む余地がきわめて少ない。このような日常の言語活動や外国語学習の中にいるからこそ、私たちはある文の曖昧さに気付かなくなってしまっているものなのである（しかし、このことが問題であることは後に指摘し、検討もしたい）。

曖昧さの問題は以上述べたような意味では言語学習の盲点の一つであると言うことも可能だ。なぜなら、文法、語法の書き換えに関する問題の多くは、実際はある特定の意味解釈に限定しなければ答えられないものなのに、その答えが正しいものとして教えられているケースが多いからである（第4章3．のセクション参照）。そのような書き換え問題には文脈や、イントネーションなどが指示されていることは余り見受けられない（ただし、最近の入試問題の中で書き換えに関する問題にはしばしば文脈や状況が指示されているものもある）。

以下で曖昧さの問題を単語、構造、修飾関係、指示関係という四つの観点から考察してみることにしたい。

（2）曖昧さの分類

曖昧さは様々な原因から生じて来るが、以下の議論の中でいくつかの種類を提示し、その曖昧さを考察したい。

1）単語による曖昧さ

まず以下の例の検討から始めよう。

5) a. Peter *dusted* the books.

b. Tom's report made us realize *certain* connections in nature.

c. *The dog* is a faithful animal.

5a）については *dusted* が意味的に曖昧なのであり、「埃を払う」とも「埃を掛ける」とも解釈できるのである。無論、私達の日常生活的な通念、常識から「埃を払う」という解釈の方がより自然であるということはある。5b）についても同様にイタリックの語が曖昧なのである。それは「ある種の」とも解釈できるし「確かな」とも解釈できるのである。5c）の場合は、「犬という動物一般」（単数代表）、あるいは「問題の犬」のいずれにも解釈できることが曖昧さの原因なのである。ただし重要な点は、5a）、5b）、5c）のいずれであれ、単独で文脈から切り離された上での話である。

  2）文法構造による曖昧さ

次に文の構造そのものが曖昧さを生じさせる具体例を検討したい。このような問題も普通指摘されることも無く、たいていの場合に遣り過ごされているものと考えられる。そこで学習者もそのような問題に気付くことはきわめて稀であって、仮に気付いたところで、あまり深く追求されることもない。まずは以下のような例を検討して頂きたい。

  6) a. *Flying helicopters* can be dangerous.

  b. Can you *spare* Catherine a few minutes?

6a）の場合「飛んでいるヘリコプター」とも「ヘリコプターを飛ばせること」とも解釈できるし、6b）の場合には「数分キャサリンさんなしでも宜しいか」という意味と「キャサリンさんに数分割いて上げられますか」という意味にも解釈できるので、曖昧さが生じるのである（無論、このような意味的曖昧さは本来イントネーションや、状況によりそう頻繁に起こらないことも事実である。

  3）修飾関係による曖昧さ

修飾関係による曖昧さも本来、文脈を読み取る上で重要であるのに、テキストを読んでいる場合には、前後関係により頻繁には起きない。逆に前後関係があるから修飾関係による曖昧さも見逃されてしまっていると言っても良い。

7) a. McDavis danced with the *tall* mayor's daughter at the party.

b. Jane said that *when the first period was over*, she would go to the cafeteria.

c. The thief hit the old man *with a long stick*.

7a）は *tall* が *mayor* をも *daughter* をも修飾できるから曖昧さが生じるわけである。7b）の場合は、今少し複雑である。それはイタリックの部分の修飾関係の曖昧さによるものである。なぜなら、*when the first period was over* が *Jane said* と、*she would go to the cafeteria* のいずれをも修飾できるからなのである。つまり「一講時が終わった時、ジェーンはカフェテリアに行くと言った」という意味にも解釈できるし「一講時が終わったらカフェテリアに行くわ、とジェーンは言った」とも解釈できるということなのである。7c）は 7b）ほど複雑ではない。この場合は「泥棒は長い杖で老人をぶった」、「泥棒は、長い杖を持った老人をぶった」のいずれにも解釈できるから、曖昧なのである。

4）指示関係による曖昧さ

次に指示関係による曖昧さの問題を考察しよう。まずは次の例文を検討して頂きたい。

8) a. Anna talked to Mary about *herself*.

b. The student convinced his teacher that *he* knew nothing about that.

c. Gordon put his coat on the stove as it was cold.

8a）の場合、*herself* が *Anna* をも *Mary* をも指しうるから曖昧さが生じるわけである（-self の用法については第 4 章 5 節の例を参照）。8b）については *he* が *the student*、*his teacher*（または、文脈により指示関係の分かっている人か）のいずれとも解釈しうるわけで、この点で曖昧なのである。そして 8c）の場合は、当然 *it* の指示関係による曖昧さ（つまり、*his coat* と *the stove* いずれとも解釈できる）である。

5）曖昧さをいかに解決するか

さて、まず *The students were ordered to stop drinking around midnight.* という例

を考察して欲しい。この例は少なくとも四通りに曖昧なのであるが、その曖昧さを検討して頂きたい。文の曖昧さに気付くようになるという問題は、すでに第4章の2．（文法構造と意味関係）で論じた問題と関連している。この文の曖昧さを解く鍵は *around midnight* が *were orderd* を修飾する場合と、*to stop drinking*（厳密には to stop、drinking のいずれを修飾するとも解釈できる）を修飾する場合の二通りの解釈に気付くことである。次に *drinking* するのが *the students* なのか、それとも文脈から理解されている *some other persons* なのかという曖昧さが考えられるだろう。よく考えれば読者は以上の四通りの曖昧さに気付かれるだろう。

このような曖昧さを理解することは大切である。なぜなら、その曖昧さを解決する手立てが実は文法的手段を用いてなされうる、という点の理解へと繋がって行くからである。例えば、*around midnight* を例文の文頭に出すこと（そうなると *around midnight* は *were orderd* しか修飾できない）、それから *to stop drinking* の *to stop* の後に、例えば *those women* などの語句を挿入すると *drinking* する主体は *those women* となる。そのような統語的方法によって曖昧さを無くすことができるのである。

さて、以上、文脈から切り離された状況での単独の文の意味的曖昧さをいくつかの項目に分けて論じてきた。しかし、このような曖昧さは通常の言語使用の中では実際の具体的状況から頻繁に起きることはない。そのため、このような文の意味的曖昧さはともすれば見逃されてしまう。そのような点の認識は重要である。なぜなら、この問題は、観点を変えれば、第4章2節で論じた言語規則の有限性と意味関係の複数性に関連する問題だからなのである。

本節を終えるにあたり、現実の状況で曖昧さが生じ、聞いている側が発話を誤解した場合、話し手は言い直しや言い換え、あるいは繰り返しなどの手段を用いて自分の真意を伝えるものであるということを示すのに一つの具体例を挙げておきたい。

9) A: I just met the old Irishman and his son, coming out of the toilet.

B: I wouldn't have thought that there was room for the two of them.

A: No silly, I mean *I* was coming out of the toilet. They were waiting.

― Mey(1994)

　この例は従来からの（変形生成文法という）文法理論で論じられて来た曖昧さ（ambiguity）などというものが現実の言語使用の状況下では存在しない、ということを示すものである。話し手が曖昧なことを言っているつもりはまったくない、ということは明らかである。曖昧さは聞き手の側に生じるものなのである。したがって9)のような例は純粋な統語論的説明では決して解決できないものである。Aは明らかに自分が"coming out"して来たという意味で言っているのだが、Bは"the old Irishman and his son"が"coming out"して来たものと解釈したのである。それゆえ、Aは言い直して、再度、自分の真意を伝えたのである。以上の例は明らかに、聞き手の誤解を解くにあたり、話し手は言い直し、あるいは言い換え、ないしは繰り返しなどという手段を用いることが可能である、ということを示している。言うまでもないが、私たちの日常生活の中で、このような言い換えなどは、実に何気ない会話の中でよく用いられている言語的手段であることは直感的に明らかである。

3．適切さの問題

　さて、次に「文脈」の問題を考察するに際して、文の「適切さ」の問題を取り挙げねばならない。なぜなら、この問題もたいてい気付かれもせぬまま遣り過ごされているからである。そこで本節では「適切さ」という概念をいくつかの種類に分類し、その各々の具体例を指摘・検討したい。

（1）文脈連鎖型（文脈依存型）の適切さ
　まず以下の例文の検討から始めて頂きたい。

　　10) a. What did the storm do?

b. The crops were completely destroyed by the storm.

  c. It completely destroyed the crops.

10a）の疑問文の答えとして 10b）は不適切であるが、10c）は適切である。それは 10a）が「嵐が何をしたか」という問になっているからで、それが受身の「嵐によって何がなされたか」という疑問ではないからである。また、聞き手にとって新情報は話し手の文の終わりの方に来るのが普通だからでもある。10b）の文は文法的にはまったく間違っていない。したがって、このような問題は明らかに文法的正しさの問題ではなく、文脈によって決まる適切さの問題なのである。しかるに、このような問題は未だに学校現場などで文法的正しさの問題として提示もされ、取り扱われているように思われる。このような問題もやはり英語学習の盲点の一つではないか。

（2）文脈非連鎖型（文脈非依存型）の適切さ

　これには二種類があり、仮に一方を「文脈論理型」、もう一方を「状況依存型」とでも呼んでおいて良さそうなものである。「文脈論理型」というのはすでに第3章の後半（第3章4節参照）で、段落の分析を試みた時に述べておいた、however や therefore、first などの段落内での表れ方と関係がある。このような単語は第3章でもそうであったように、段落の冒頭や、口頭で何かを話し始めた時に現れることはない。そのような単語を使えるには、何がしかの事柄がすでに述べられていなければならない。このような意味で、however などの用いられ方を「文脈論理型」と称してもよかろう。

　次に「状況依存型」の適切さについて考察したい。これはしばしば文法的、非文法的という言い方で処理されてしまう場合が多いように思われる。例えば、次のような例文を取り上げたい。

  11) Do you know the lady＿＿Jack is speaking to?

このような例の場合に、たいていの文法書では whom が文法的に正しく、who

は正しくない形だとされている。あるいは現にそんなふうに授業で教えられているのではないか。しかし実際の英語使用者の普通の形式張らない会話において whom が使われることはないし、関係代名詞が使われないこともある（whom が使われる場合は目的語だということを聞いている人に明示する場合とか、形式張った言い方をしなければならない人前でのスピーチの時などに限られる）。したがって、このような問題は whom と who のいずれか一方が常に時、場所、相手を選ばず文法的に正しい形式か否かという類の問題ではなく、いずれも状況次第で正しくもあれば、正しくもないということなのである。それで、このような適切さを「状況依存型」の適切さの問題としておきたい。

　以上、「適切さ」をいくつかの種類に分類して、その特徴を示してきたが、このような問題はたいてい「文法的正しさ」という概念と結び付けられて教えられて来たし、今尚もそうである。そのような意味で、以上の「文法的正しさ」という捉え方は学習者を混乱させないとも限らない。本来、このような問題は現実の多様な状況の中で言語がいかに無意識的に使われているかという問題なのである。

4．文の形式上の分類と意味機能

　英語を相当長く（4、5年とでもしておこう）学習してきた人は肯定平叙文、疑問文、命令文といった言い方の文の分類をよく承知しているだろうし、そのようなことはいとも簡単なことだと思っているかもしれない。そしてこのような分類名称をわきまえていることが、即、英語の勉強だと思っていることもあるだろう。そこで、文の形式上の分類と意味機能の関係を考えるに当たり、次の例文を検討して頂きたい。

　　12) I just want a cup of white coffee.

この文は、学校文法的に言えば、「肯定平叙文」なのであり、何が一体問題なの

かと訝しく思われる向きもあろう。しかし、言語は現実には（いかなる断片であれ）誰かとの対話の中で用いられるのが普通であるから、12）は実際には'suggestion'であるかもしれないし、場合によってはイントネーション次第で命令とも解釈されうるかもしれない。つまり、この文は本章 3 節で示唆した状況の重要さを示唆する例なのである。状況次第で発話はいく通りかに解釈されうるのである。しかし、ここでの「いく通りかの解釈」というのは曖昧さのことを言っているわけではない。むしろ、その逆で、ある一つの状況を考えれば曖昧さは存在しないということであって、ある一つの意味にしか解釈できないということである。

　上の段落では状況の重要さを示す例をいくつか挙げて、文の種類とその意味的機能（のずれ）を考察して来た。そこでの要点は文の形式的分類が常に特定の意味機能と一致しているわけではないという点の認識であった。その点を再度確認して頂くために次の例をも考察して頂きたい。次の例は 12）とは異なり、文構造上の形式は疑問文である。

　　13) Pat, have you fed Felix yet?

仮にこの文の *Felix* がペットの犬の名前であるとしよう。このような発話が、例えば子供に父親か母親が言ったものだとすると、この例はきわめて示唆的な例である。なぜなら、目前に腹をすかしたひもじそうな *Felix* の姿を目の当たりに見ているからである。そのような現実の状況に接して、子供は "No, I haven't."と言っただけで、その場を立ち去ることは恐らくできない。明らかに、13）は示唆、依頼、命令などと解釈されるのである。また、13）を聞いた子供もその発言を示唆、依頼、命令と意識してはいなくとも、半無意識的にそう解釈しているのである。無論、このような文の形式的分類と意味的機能の不一致を子供は数多くの具体的状況の中での言語使用を通して学んで行くのである（この問題はすでに第 2 章 2．(2) で子供の言語習得のことを話題にした時にいく分かは述べておいた）。このような形式と意味機能の不一致をネイティヴの子供ですらそう簡単に学べるものではないということを若干の例を提示して明らかにし

ておきたい。
　次の例は、ある母親が荷物を両手一杯に抱え、自分でドアを開けられない状況にあって、子供に次のように言った場面である。ドアのところで子供のTomが同年代の友達Mikeと積み木などで遊んでいる場面である。

14) Mother: Can you open the door, Tom?
　　 Child: Yes, I can. （goes on playing）

明らかに母親の *Can you open the door?* はTomにドアを開けて欲しいという母親の希望であり、依頼でもある。しかるに子供は母親の言葉の表面的な形式のみを頼りに、この文を額面通り、疑問文として受け止め、母親の真意を推測できないままでいる。
　次の例も同様だが、雨降りか、爾後の道がぬかるんだ状態で遊びに出掛けようとしている子供を見て母親が発した言葉である。子供は母親の最初の言葉の真意が理解できずにいる。そこで、母親が二度目に子供に話し掛けた時、（形式的には肯定平叙文だが）明らかに依頼（半ば命令的）を示唆する文を使って自分の最初の発話の意図を子供に理解させようとしている。

15) Mother: Where are your boots?
　　 Child: In the closet.
　　 Mother: I want you to put them on right now.

このように、文の形式的分類とその意味関係は一様ではなく、子供はその学習経験の中でしばしば混乱を来たすものである。そのことは小学校に入った子供ですら時には十分理解できないものであるが、それは次の例が明示するところである。

16) Teacher: What are you doing over by the window, Helen?
　　 Child: Looking at the bird, Miss.

Teacher: And what should you be doing?
Child:　(No response)
Teacher: Go and sit down now and get on with your writing.

― Holmes, *An Introduction to Sociolinguistics*

　この例はなかなか興味深いものである。と言うのも、子供は先生の最初の発言の真意が理解できないばかりか、先生の二度目の明らかに示唆を示す発言をも理解できなかった。そこで、先生ははっきりと命令文の形で（つまり、文の形式と意味的機能の一致した）発話で対応したわけである。

　以上、いくつかの例からも分かるように、言語を習得中の子供は文の形式のみならず、それが状況次第で常に同じ意味機能を有するわけではないということをも学ばねばならない、ということが明らかなのである（とりわけ、日本の英語教育で欠けているのはこのような問題についての学習者の意識ではないか、と思われる）。近年、小学校での英語の必修化に接し、きわめて重要だと思われることは、以上で述べて来たようなことである。つまり、言語は常に統語形式と意味機能が一致した理想的な姿で子供に提示されるわけではないということなのであり、そのことを英語を外国語として学ぶ学習者も理解しなければならないし、そのような言語形式と意味機能の関係を十分に把握しなければならない、ということなのである。

5．話法と視点

　本節では、とりわけ中間話法（ないしは描出話法）という表現方法を取り挙げてみたい。というのも、この話法形式は英語の学習者にとって非常に難しい話法であるばかりではなく、そこにはその文を書いている人の視点の転換があるからなのである。そのようなことを理解しなければならないということはすでに第3章3．（1）、第3章4．（3）で書き手の感情を理解しなければならないということを述べた時に少しは示唆しておいた。中間話法がどのようなもの

かを理解して頂くためにまず次の例を見て頂きたい。

17) As she gazed, she saw somebody, a man, leave the road, step along the paddock as if he was coming straight towards her. Her heart beat. *Who was it? Who could it be? It couldn't be a burglar, for he was smoking and strolled lightly*. Her heart lept.　　－ K. Mansfield

17) の例のイタリックの部分がいわゆる中間話法の部分である。中間話法というのは、本来、直接話法であるべきものが、その前後にある地の文と同じ客観的な表現に合わせられたものだと言っておいてよい。つまり、その部分の登場人物の心の中に書き手の視点が移されるわけである。逆に、客観的な状景描写などの場合には書き手の視点はすべてのものが目に入っている全視野的な（ないしは客観的な）視点である。しかし、中間話法の部分では登場人物の心の中に書き手の意識が限定されてしまっているのである。中間話法のスタイルの文は明らかに読者に直接訴えかける力が非常に強いものである。17) のイタリックの部分のように書いておくだけで、例えば、誰それは「〜」だと思った、などといったふうに説明的に、かつ客観的に（しかも回りくどく）表現しなくても済むことになる。そこで、17) の例を中間話法を用いずに書けば次のようになる。

18) As she gazed, she saw somebody, a man, leave the road, step along the paddock as if he was coming straight towards her. Her heart beat. She said to herself, "Who is it? Who can it be? It can't be a burglar, for he is smoking and strolls lightly." Her heart lept.

客観的な地の文章を中間話法に転換しようとする場合（つまり、18) から 17) を生成するには）、まず *She said to herself* を削除し、直接話法の引用符の部分の引用符を外して、人称や時制を周囲のものに合わせるわけである。このような操作は単なる文法形式上の操作ではなくて、そこには書き手の視点の転換もな

されているという点を理解することが重要なのである。言い換えれば、客観的な文章の場合にはすべてのものが書き手の視野の中に入っているのに、中間話法の部分では、上述の通り、登場人物の心理の中に書き手の視点が限定されてしまっているということなのである。したがって、中間話法の部分は、現実の声となって表されていない、登場人物の心の中の声なのである、といった言い方もできるだろう。

　次に練習問題としても考えて頂けるように、もう一つの例題を出しておきたい。イタリックになった中間話法の部分に注目して検討して頂きたい。この文章のイタリックの部分は毎朝早く仕事場に向かう労働者の心に浮かんだ思いである。

> 19) Dan swayed uncertainly up the aisle and threw himself into a seat near the rear of the car. Sliding over close to the window, he leaned his drowsy head against it. Ready for another 7 a.m. to 9 p.m. grind at the stove factory. *Gosh, it would be pleasant to come stumbling into this car some morning and meet a smiling face or two. They never smiled; they were this way all summer long. How utterly sick you could get of this 6:25 car. Everything was so monotonously regular: same car, 607: same conductor; same stops; always the same passengers. Couldn't they realize what a rut they had all slipped into? They even took the same seats every day! There was that stout young woman with the dull brown sweater and white dust cap; she never failed to take the seat nearest to the door of the right-hand side. No doubt there were the same glum thoughts behind the stolid expression on her face.*

以上の例でイタリックの部分が描出話法の部分なのだが、それを直接話法の文章に変換して頂きたい。以下に19) の試訳を挙げておく。

> 20) ダンはどうにかバスの通路を後部座席にまで辿り着いた。窓際の席にどっかり腰を降ろし、窓辺に眠たげな頭をもたげかけた。今日もまた、朝7時から

夜9時までのストーブ工場での仕事に向かうのだ。畜生め。とある朝このバスに乗り込んで、一人、二人のにこやかな顔に出会ったらどんなに楽しいだろう。この連中と来たら、にこっともしない。夏中こうだ。この6時25分のバスはもううんざりだ。いつも何一つ変わらず同じなんだ。607番の同じバス。いつもの車掌。いつもの停留所。いつもの乗客。奴さんたちゃー、自分たちがどんなにひどいところに入り込んでしまっているのか、分かっているのだろうか。座る席もいつも同じだ。あそこには焦げ茶色のセーターに白いダストキャップを被ったがっしりした若い女がいる。彼女はいつも右手の降車方のドアの間近に陣取っている。彼女の無表情な顔の背後には僕と同じうんざりした思いがあるんだ。

描出話法の部分を日本語に訳す時には注意を払う必要があることは明らかである。その登場人物の心理にまで踏み込み、その人がどのような心境であるのかを理解した上で日本語にしなければならないのである。

6．省略と代用表現の解釈

（1）省略の解釈と文脈

　読者である私たちは文の繋がり方が作り出す文脈や現実の言語使用の状況を、常に考慮に入れながら意味解釈を行っているという具体例を二つ提示して、そのような要因が本当は非常に重要である旨を示したい。このような視点はたいていの学習参考書や語法書には欠落している。そのような書物の中では、説明項目の具体例のみが文脈から切り離されて提示されているだけである。

　以上のような文脈を無視した考え方では実際には解決できない具体例があるということを以下に示し、省略や代用表現の解釈に文脈がいかに重要であるかを、むしろ文脈を考慮に入れなければ解釈できないということを示したい。

21)　As seen from the viewpoint of language activity, the spoken language is the very basis of everyday life. On the other hand, seen from the viewpoint of linguistic structure, spoken language is much looser and less compact than written language. *The number of words and particles* is far greater than that used in written language.

― Nakata, *British Memories*

問題なのはイタリック部分の解釈である。この場合の the number of words and particles は明らかに the number of words and particles used in spoken language のことである。そのことは前の文からの関連によって、また、後方部分の than that used in written language と対比されているという関係からも明白である。このような文脈の半無意識的な計算は正確な意味解釈を行う上で非常に重要である。

（2）代用表現の解釈と文脈の重要性

　次に代用表現の例を一つ取り挙げ、やはりこの場合も文脈の考察が重要であるということ、さらに、文脈を考慮に入れなければ実際には解釈不可能であるということを示したいと思う。次の対話は父親と子供の間の遣り取りである。その後半の部分にまったく同じ表現が使われていながらそれが解釈可能であるのは文脈があるからなのである。イタリックで示した問題の部分に注意しながら意味解釈を考えて頂きたい。

　　22) Child: Want a car.
　　　　Father: You want a car? This one? Or that one?
　　　　Child: *That blue one*.
　　　　Father: *The blue one!* That is a nice colour, isn't it?

　　　　　　　　　― Crystal, *Child Language, Leaning and Linguistics*

この場合の解釈は恐らく次のような手順によってなされるのであろう。つまり、子供の *That blue one* は、次のような概念構造 **Do you know**（or **Don't you know that I want**）　*That blue one*? からゴシックで示されたイタリック体の部分の省略によって派生的に出て来るのであろう。また、父親の方の *The blue one* は、何か

次のような概念構造 *Now I understand that you want the blue one.* からゴシックで示されたイタリック体の部分が省略されて出て来るのである。

　無論、以上のような複雑なことをいちいち考えながら私たちは言語活動を行っているわけではない（という反論も出て来るだろう）。けれども、大事な点は、内省的にこのような意味的相違を誰もが共通して考察することができるからこそコミュニケーションが可能なのだ、ということである。また、以上述べてきた意味的相違を反映するものとして実際の発話のイントネーション、口調の強弱などの違いがある。事実、子供の方の *That blue one* は明らかに下降調で、そこで文が終わりという印象を聞き手に与えるが、大人の方の *The blue one* は上昇調で終わり、聞いたことに対する聞き手側の驚き、あるいは、何か意外であったことに対する半無意識的な反応を表している。

　ちなみに、外国語として英語を学習している状況で重要なのは次の点である。学習者は死語を学んでいるのではないということを十分に意識し、そこに感情移入を行わなければならないのである。英会話の勉強でダイアローグを学んでいる時などには特にそうなのであり、自ら登場人物になったような感覚で発音、会話の練習をしなければならない。そのような学習法によって、例えば、疑問文は上昇調のイントネーションで終わるといった知識を言語運用の中で半ば無意識的に活かしうるのではなかろうか。ここでも大事なのは、以前の章でも示唆した「生きた言語を学んでいるのだという鋭敏な意識」の重要性であると思われる。

　以上のように文脈は常に意味解釈を行う時に半ば無意識的に考察されている（否、考察されなければならない）にも拘らず、なかなか意識のレヴェルに上らないためにともすれば見過ごされてしまう傾向にある。しかし、本章の議論から明らかなように、文脈は意味解釈を行う時に、本来、無視できないものであるということ、さらにいかなる言語のいかなる面の教育・学習においても無視できないものだということを十分に理解しておかねばならない。

第6章

COMMUNICATIVE COMPETENCE（意思伝達能力）の発達

1．"Communicative competence" とは何か

（1）文法能力と意思伝達能力

　さて第3章から第5章までで主に言語の（特に文や段落の）形式と構造に焦点を合わせて議論を展開してきた。そこで、これまでのところ、文の分析のみでは説明できない問題が数多くあるということが明らかになったはずである。とりわけ、前章で「文脈」を論じた時に、そういう問題を取り挙げ、いくつかの角度からアプローチを試みたのであった。現実の言語使用を考えず、抽象的判断で、ある文が文法的に正しいか否かを判定する能力を私たちは持ち合わせている（無論、あやふやな場合も多々あるけれども）。そのような能力を文法能力（ないしは言語能力）と言う。

　しかし、人は皆、ある言語のネイティヴ・スピーカーとして文法能力のみならず'communicative competence'（「意思伝達能力」）をも身に付けている。それにより私たちは社会状況に応じて、どのように言語を交わして他人と係わるべきか、あるいは、係わらねばならないのかを知っているのであり、さらには相手の真意をいかに推測すれば良いか見定める術を心得ているのである。このような能力を'communicative competence' と称している。この意思伝達能力は一日にして身に付くものではなく、人間が一生かかって発展させて行くものなのであろう。そこで、文法能力はこの「意思伝達能力」の一部に過ぎないということを踏まえ、本章では、このような大きな能力の発展を考察したい。

（2） 文法能力と会話の原則

　私たちの行う日常会話はごく自然にできているように見える。だが、そのようなスムーズな会話の下に潜んでいる一般原則はふつう気付かれないものである。会話が上手く続いて行くのは、その背後にいくつかの重要な原則があるからなのである。無論、そのような一連の原則は、普通、私たちが日常の会話を行っている時にはたいてい気付かれることはないが、それらに従って私たちは言語活動を行っているのである。言い換えれば、このような原則は日常の言語活動をスムーズならしめるためのものであり、単にある文が文法的かどうかといった文の枠内の問題に留まらないといった意味でこれまでに述べてきた文法能力を遥かに越えるものである。そのような原則についていくつかの具体例を交えて述べることにしたい。

　a) 'turn-taking' の原則

　　二人で会話をしている時であれ、何人かで会話を行っている場合であれ、声に出して喋ることができるのはただ一人であり、同時に二人が喋り出すと、どちらか一方がたいてい黙るものである。あるいは、紛らわしい状況では、「あっ、すみません。私の方から」といった具合に話の主導権を握っている者（たいてい、自分もそう思っており、また、相手もそう思っている）が喋っても良い権利を確認するものである。そして聞いている側は話し手が話し終えたのを（たいてい、ポーズや、ジェスチャー、あるいは表情などによって）確認して、今度は自分が次の話し手として話し始めることになるのである。いく人かのグループで話を行っている場合、話の進行役を務めている人が音頭を取るが、彼（女）は「皆さん、これについていかがですか」といったふうに、その場の全員に向かって疑問を発するかもしれない。すると、誰かが口を切るかもしれないが、遠慮から暫く誰も口を開こうとしないかもしれない。そのような場合、この進行役が、「それでは、Ａさんいかがでしょうか」などというふうに、誰かを指名することにより、喋っても良い権利をＡ氏に与えることになる。そして、Ａ氏が話し終えると、今度はＢ氏が自分から話し始めるかもしれないが、なおも、誰一人と話し始めるような様子がなければ、進行役が再び「それでは、Ｃ

さん、いかがでしょうか」というふうに、その場が白けないように上手く配慮しながら 'turn-taking' を進めて行くものである。

b)「関連することを述べよ」

　会話を行っている時に、何らかのことが話題になっているものであるが、そこへ話題とは関係のないことを持ち込むべきではない。どうしても持ち込まなければならないような場合、「あの、済みませんが、この前の例の件はどうなっているのでしょうか」などといった言い方で自分の言いたいことを取り上げて貰わねばならない。また、グループなどで話を行っている時には一座の者が聞きたいとは思わないようなことを会話の中に持ち込んではならない。

　例えば、カフェテリアの客の列で順番を待つAさんがBさんに 1A) のように言ったとする。その対応としてB1〜B5を考えて頂きたい。

1) A: "Every time I come here they seem to be out of the veal cutlet."
　 B1: "Well have you tried the fish? That's awfully good."
　 B2: "Thursday I leave for Los Angeles."
　 B3: "Johnny's mumps are almost gone."
　 B4: "Just your luck, huh?"
　 B5: "I have the same problem with their cheesecake."

明らかにA氏は何度もこの店に足を運んだはずであるが、子牛のカツが何時も売り切れである、という事実に多少不満を感じながら、後にいる客に言葉を掛けたわけである。それに対する返答なのであるから、B2とB3は不適当である。なぜなら、この二つはA氏の発言にまったく関係が無いからである。

c)「真実を述べよ」

　話し手は自分が本当だと思わないことを述べてはいけない。当然、聞いている側は話し手からの情報を本当だと思うわけであるから、話し手は意図的に誤りである（と思われる）情報を伝達すべきではない。

第6章　COMMUNICATIVE COMPETENCE（意思伝達能力）の発達　79

　　d)「聞き手の知らない情報を与えよ」
　　　話し手は聞き手が知らない（と思われる）情報を伝えるべきである。
　　e)「話し手を信頼せよ」
　　　聞き手は、話し手が本当のことを話しているというふうに、話し手の与える情報に信頼を置いて対処しなければならない。

　以上、会話に係わる原則をいくつか見てきたが、このような原則は言語研究の専門家の間で認められているものである。また、私たち素人が内省的に考えてみても、このような原則の存在は明らかである。
　さて、以上、スムーズな会話に係わるいくつかの原則を見てきたが、そのような原則を若干の例を交えて見ておくことにしよう。例えば、次のような会話が常に起きるとは言い切れないにせよ、少なくともたいていの日本人は、朝、どこかに出掛ける途中で知人に出会ったら、次のような会話を交わすだろう。

　　2) A1：「先生、お早ようございます」
　　　 B1：「あーっ、お早ようございます」
　　　 A2：「先日はどうも有り難うございました」
　　　 B2：「いいえ、どう致しまして。うちの家内も喜んでいましたよ」
　　　 A3：「あのー、どちらかお出かけですか」
　　　 B3：「ええ、ちょっとね。そこまで」
　　　 A4：「あっ、そうですか。それでは、また」
　　　 B4：「それじゃーね、また」

　このような遣り取りは私たちの日常生活でごくふつうに交わされているはずである。明らかにA氏とB氏の遣り取りはいくつかのペアになっている。A1に対してB1は返答になっている。同様にA2-B2、A3-B3、A4-B4というペアリングは明らかである。A2-B2は当人同士の間で過去（それもそう遠くない過去）の出来事に対する儀礼的謝辞とその承認である。ここでA2-B2だけでは互いにその場を立ち去るのが不自然なので、A3-B3の遣り取りが交わされたのだが、相

手の出かける行き先や用向きを真剣に問題にする時間的余裕がどちらにも無いことや、通常そのようなことを真剣に問題にするものではないという事情もあり、A3-B3 は単に付け加えられたに過ぎないと言える。そこで、A3 の発言は「お早うございます」と同じく儀礼的な言葉だと受け止めて構わない。A氏もB氏から行き先の地名を詳細に聞き出そうなどと思ってもいなければ、B氏もそれに正確に答えなければならないと思っているわけではない。

　以上のような遣り取りは会話がなされている時に「不自然と思われる程のポーズ（休止）を置かないように」という会話の原則を、会話に従事する者が半無意識的にわきまえていることを示す証拠の一端となっている。ちなみに道でばったり知人に出会った場合、どちらかが相手に声を掛けるものだということも、たいていの国で行われているが、それは相手を見て認めていますよ、ということの合図なのであり、そうすることが社会のルールだからである。

　以上、スムーズな会話を行うためには、単に文法能力だけでは不十分なのであり、それを越えた社会的ルール（慣行的ルール）をも身に付けている必要があるということが明らかとなった。このようなルールは、いわば、文化的・社会的コンテクストをも踏まえた上での状況に対処できる言語的能力であり、それを 'communicative competence' と称しているのである。

(3) 子供の会話の諸特徴

　次の対話はきわめて興味深い。6歳の少年 Michael が友人の少年 George の家に電話を掛けて来た時のものだが、あいにく George は留守で、父親が応対に出た場面である。

　　3) Adult: "Hello?"
　　　 Michael: "Is George there?"
　　　 Adult: "No."
　　　 Michael: "Bye."
　　　（そして、15分後に再び Michael から電話が掛かるが、それが次の会話である）
　　　 Adult: "Hello?"

Michael: "C'n you tell me where he is?"

― Based on Lindfors, *Children's Languqge and Leaming*

　この例は愉快であり、微笑まずには読めない。最初に、少年Michaelが電話を掛けた時、相手を確かめることもなければ、自分の姓名を名乗りもしていないし、なぜGeorgeと話したいのかという理由も話してはいない。それから二度目に電話を掛けてきた時も、同様で相手が誰かを確かめることもしなければ、自分の姓名を名乗りもしないまま、いきなりGeorgeがどこに居るかを尋ねる始末である。明らかにこのような話し方は他人に対してきわめてぶしつけで、場合によっては無礼でもある。大人なら許されないことであろう。子供が自己中心的である、ということはある程度認められている子供の特徴である。年齢が低くなればなるほど、このような特徴は顕著になって来るものである。電話を掛けている本人のMichaelは自分が掛けているのだ、ということを自分で分かっているのだが、相手には自分が誰なのか分からないということを理解した相手の観点に立った見方が欠如しているのである。

　このように子供の会話の顕著な特徴は、その自己中心性なのである。さて、このような特徴は、すでに第2章で幼児の母国語習得を述べた時に多少なりとも示唆しておいた子供と大人の経験世界の決定的な相違から生まれてくるのだろう、と推察される。専門的に言えば「共有された知識（shared knowledge）」という言い方をするが、そのような専門的な用語はともかく、以上示唆した共有されている知識の相違は、内省的にも、経験的にも明らかであろう（第2章2．(2)のセクション参照）。

（4）会話の原則と共有された知識

　さて、これまでの議論の中で、私たちが会話を上手く運んで行くのに半無意識的に従っている原則があることを示してきた。会話は無意図的にでたらめになされるものではない。これは会話に携わる者同士が共有する知識なくしてなしえないものである。今しがたも述べたが、会話（と言うより、むしろコミュニケーション）は明らかに目的を持っているということを確認しておきたい。

また、言語は基本的には協調的、協力的（つまり、相手との関係があるという意味）なものである。そこで、発話者は自分の言おうとすることに対して、周囲の状況、意図の強さ、相手が誰かなどといったことにより自分の用いる文のスタイルを決定する。同じ意味内容のことを表すのに発話者は何らかの形式を決定するのだが、そこには様々な要因（相手の社会的地位、発話場面など）が複雑に絡んでいる。簡単に言えば、それは発話者と相手との「心理的距離」の問題だと言っておいても良かろう。例えば、電車に乗っていて、ある人が友人に窓を閉めて貰いたいような場合なら "Shut the window, please." で構わないだろうが、見ず知らずの他人に対してならこのような言い方はできない。例えば、"Could you shut the window, please?" などと言わなければならないだろう。これは明らかに心理的距離の問題である。話し相手との心理的距離が遠くなるにつれて、一般には言語的丁寧さの度合いが高くなって行くものである。

　以上、述べて来たような「心理的距離」の問題との関連で第5章13）で示した例を再び取り挙げてみたい。これは父親が娘に言った言葉であった。目前に腹をすかしたひもじそうな様子の Felix を見ている場面での言葉であったことを思い出して頂きたい。

　　4）Pat, have you fed Felix yet?

問題のこの文の形式が疑問文でありながら（無論、文そのものの表す意味内容は疑問文のそれである。このような文字通りの意味内容を命題と称する）、現実の状況では、これは疑問文と言うより、むしろ依頼・命令なのである。例えば、Pat がよく知っている隣家の娘さんであるような場合なら、4）の例文は、父親が自分の娘に言うよりも遥かに丁寧な優しい口調になるだろう。そこで、この疑問文の現実の状況での機能はアドヴァイスと解釈されるだろう。一般常識・通念的に言って、いくらよく知っている隣人とはいえ自分の子供に言うようなきつい口調では対処できないだろう。さて、4）の例に話を戻そう。父親の発言に対して Pat が "No." と言って、その場を立ち去ることはできないということはすでに述べておいた。そこで、4）に対して Pat は、例えば次のいずれかのよ

うな言い方で父親の要請（あるいは、依頼・命令）に答えなければ、答えとしては不適切なのである。

5) a. Ooooops, I forgot. I'll do it now.
   b. No, but I'll do it as soon as I finish my English homework.
   c. Will you stop bugging me about that?
   d. No. It's not my turn. I fed Felix yesterday.
   e. Nope, we're out of dog food.

— Based on Lindfors, *Children's Languqge and Leaning*

犬に餌をやることに同意しようがしまいが、餌をやるのを忘れていた理由を述べようと述べまいと、Maryは父親の要請に対応したわけである。すなわち、Maryは父親の4)の発言を単なる疑問文だとは解釈せずに、要請だと受け止めたのである。それはこれまで何度も述べて来た、会話に従事する者たちの間で共有されている知識や状況に対する共通の状況把握や推測があるからなのである。

2．母国語習得における"communicative competence"の発達

（1）言語形式と意味機能の不一致

　本章1．の議論から母国語習得中の子供たちが経験する難しい事柄の中に言語の形式とその現実場面での意味機能の不一致があるということは想像に難くない（し、そのことはすでに第5章4．でも示唆しておいた）。この難しさの原因は明らかに言語がいかなる断片であっても、一つのまとまった全体として子供に提示されるからなのである。そして、このように言語は、通常、意図的、文脈的、そして社会的であって、日々の言語活動を通して子供は言語の本質を見いだして行くことになる。子供は文法（事項）に取り囲まれて生活しているわけではないし、でたらめに並んだ単語、文に接するわけでもない。子供が直

面するのは自分に差し向けられた、一連のまとまったテキスト（むしろ、現実の状況の中で用いられている言語の断片）なのである。子供はそのような言語活動を何度となく経験しながら言語形式とその現実での機能の不一致を把握するものなのである。

　以上、述べてきた言語の形式とその機能の不一致は二つの面から捉えることができる。つまり、(1) 同じ一つの概念内容を表すのに異なる言語形式が用いられる場合と、(2) 同じ言語の形式が用いられながら、異なる意味機能を有する場合とである。まず、前者の場合を示しておきたい。

　6) a. I need a pencil. （必要性を示す平叙文）
　　　b. Gimme a pencil. You give me a pencil. （命令文）
　　　c. Could you give me a pencil? （疑問文）
　　　d. May I have a pencil? （相手から許可を求める疑問・指示文）
　　　e. Have you gotta a pencil? （相手に尋ねる疑問・指示文）
　　　f. The pencils are all gone. （示唆を表す平叙文）

6) では平叙文、疑問文、命令文など様々な言語形式が用いられているけれども、意味は類似している。次に同じ一つの形式（この場合は疑問文）が用いられていながら現実に表される意味機能が異なる場合を示す。

　7) a. Oh yeah! Wanna bet? （挑戦）
　　　b. Want a punch in the nose? （脅迫）
　　　c. What time is it now? （情報を求める）
　　　d. Can you reach the sugar? （相手に行動を求める）
　　　e. Ya' know what? （会話を始める時）

7a) 〜7e) はすべて疑問文でありながら、その機能は一様ではない。このような形式と機能の不一致は低学年の小学生ですら理解できない場合もあるということは、本章の最後の12) の例がその一つの例であるし、また、第5章4節の

14)～16)の例もその具体例であったことを思い起こして頂きたい。あらゆる状況に即した言語形式の意味機能を適切に識別できるためには数多くの具体例に接する必要があろう。

（2）言語形式が現実に表す意味

さて、以上のように捉えられたコミュニケーション力――言語の形式（が表す文字通りの意味）と現実の状況でその形式が有する意味機能の不一致を理解できる能力――の発展を考えるに当たり1歳児とその母親の遣り取りを検討したい。

   8) M: Where'd that ball go?
      C: uguh.
      M: Where'd it go?
      C: oguh.
      M: D'ya have it? There it is.（Pause） D'ya wanna play catch?
      C: kesh.
      M: Catch the ball.
      C: gah.
      M: Oh, What a throw!
      C: ebaw.
      M: Here's the ball. Catch.
      C: wuug guh.
      M: Are your pants wet?（Touches child's pants to find out.）
      C: kesh kesh.
      M: Catch.
      C: guh.
      M: Ooooohhhh.
      C: eduh baw.
      M: Here's the ball.

C: bawh.

M: Oh, good catch.

C: uh.

M: Want me to take your hat off?

C: bawh.

M: A..., let me take your hat off. (pause while M takes child's hat off.) Let's look at what's on your hat. D'ya see all those animals that M... and D...were talkin about? See?

C: yuh.

M: Who's that?

C: duk.

M: That's a dog (as if repeating what child said). Who's this?

C: eh bah. (high-low intonation)

M: That's Minnie Mouse? (as if what child had said). And who's this?

C: ba bah. (low-high intonation)

M: Donald Duck (as if what child had said). And who's this?

C: eh bah. (high-low intonation)

M: Mickey Mouse (as if repeating child). Mickey.... (waits for child to repeat)....

C: duk.

M: A dog (as if repeating child). Who's this?

C: gee goh.

M: Minnie Mouse?

C: thusuh giddy go giddy gish.

M: A who? (as if asking child to repeat meaningful utterance)

C: bawh kesh

M: Welllllllll?

C: ge dulla ell.

M: Are you gonna tell me "well"?

第6章　COMMUNICATIVE COMPETENCE（意思伝達能力）の発達　87

C: bawh.

M: Bow-wow, chuh. Hit me in the eyeball.

— Lindfors, *Children's Languge and Learning*

　1歳の子供が口にする音声は聞こえるままに文字の形に直されている。この遣り取りで子供のいくつかの返答はまったく適切な会話の状況を踏まえた発音のように聞こえる。例えば、*kesh* は明らかに "catch" であり、*bawh* は "ball" のことであろう。それから母親は子供の *eh bah* をあたかも *Minnie Mouse*、あるいは *Mickey Mouse* と言ったかのように対応している。幼児は、無論まだまだ調音が不完全であるけれども、*Minnie Mouse* の強弱というイントネーションはすでに身に付けているように思われる。

　このような会話を行う中で母親は半無意識的に1歳の子供を会話のパートナーとして扱っている。したがって、母親の言語は様々な目的を果たしているのである。母親は子供に情報を与えたり、何かを説明したり、驚きを表現したり、子供を誉めたり、声の調子を変えていかに感情を表現するかを無意識のうちに教えたり、子供に何らかの行動を取らせようとしたりしている。また、場合によっては何らかの子供から情報を引き出そうとしている（"Are your pants wet?"）。さらに、"A..., let me take your hat off." は、恐らく "Come here and be still." といったことを意味するだろう。また、母親は子供にある単語の発音——"Are you gonna tell me "well"?" ——をさせようとしていることが分かる（これは母親による半無意識的な教育と言っても構わないだろう）。

　以上のような会話に何度も遭遇することにより、子供は調音のしっかり整った真の言語を話し始めるまでに会話を行う上での重要な原則を徐々に身に付け、それに習熟して行くことになる。そのようにしながら、意味というものが単に形式の表すことのみならず、慣行の問題でもあるのだということを知るようになって行くのだろうと考えられる。このような言語の習得過程は非常に込み入った認知的発達と社会的発達が密接に絡み合ったものであり、そのような発達がひいては多種多様な状況に即した言語理解と言語使用を可能にするのである。

（3）言語習得期の子供が学んでいる会話の原則

　さて、以上のように1歳児と母親との遣り取りの中で、"turn-taking"の原則を含めた会話の重要な原則が守られていることを確認してきた。驚くべきことだが、生後8か月の双子の音声を録音した、ある研究者の報告によると、すでに8か月の幼児の発する音声は'conversation'的であるということである。例えば、その記録の中で双子の幼児はすでに"turn-taking"的に交互に音声を発しており、各々の発する音声は前のものから影響を受け、後続するものに影響を与えている。言わば、それは、一種の音声遊びなのである。3歳頃までは幼児の発する発音の三分の一は単に言葉による遊びだ、と言われている。この生後8か月の幼児の記録も互いの発する声（の一部、ないしはほとんどすべて）を巧みに取り入れながら、自らの音声を出し、それが後続のものに影響している、という"turn"を繰り返しているのである。こういうふうに、子供は音声遊びを通して、後にやって来る言語的会話の重要原則—"turn-taking"—を身に付けて行くのであろう。

　次に示す三つの遣り取りの例は4歳児のものである。

9）A）Mark: That's my red car, John.

　　　John: But it isn't really.

　　　Mark: Well.... I was playing with it..... I had it first.

　　　John: Oh..... Well..... which shall I have then? I'm going to have the blue one and I'm going to race it.

　　　Mark: Mine's racing too..... round it goes.

　　　John: Push your car faster Mark, like this. Wow..... wow..... mine's going fast as anything..... as anything and fast as a train.

　　　Mark: Mine's going fast as a rocket..... Whoosh.

　　　John: Watch out Mark..... my car's coming fast..... I think there'll be a crash.... make yours come to mine.

　　　Mark: Yes there will be a big crash... mine's coming.....watch out... brr.....there... crash.

第 6 章　COMMUNICATIVE COMPETENCE（意思伝達能力）の発達

  John: Oh, an accident, an accident... my car's on fire.

  Mark: Fetch the fire engine...... the cars are burning all up.

  John: And the people are getting all burnt up, too.

B) C-1: Guess when my birthday is.

  C-2: The 4th of June.

  C-1: No.

  C-2: The 16th of September.

  C-1: No.

  C-2: The 3rd of November.

  C-1: No way.

  C-2: I give up.

  C-1: In March.　(She begins to draw on the desktop.)

  C-2: Look what you did, T.... Miss S... T..... drew on the table.

  C-1: Stop, you're dumb.

  C-2: You called me dumb, dummy.

  C-l: Ha ha ha ha. Look what I made.

  C-2: Ha ha ha ha.That isn't pretty.

  C-1: Ha ha ha ha. That isn't pretty.

  C-2: Ha ha ha ha.　(C-l leaves)

C) (C-1 と C-2 が遊んでおり、以下の遣り取りはまったく言葉遊びを楽しんでいる)

  C-1: I will turn the light off.

  C-2: I will turn the light on.

  C-1: And I will put you into the garbage can.

  C-2: I will put you into the garbage can.

  C-1: And I will go somewhere else.

  C-2: I'll go somewhere else, where you can't find me.

  C-1: Uh-uh (meaning no). I know how ta run.... and fight.

  C-2: Me too.... and I'll run and jump over you.

        － Lindfors, *Children's Language and Learning*

4歳児の遣り取りであるから、互いに自分の知っている経験世界の中での事柄（しかも、たいていは目前の事柄）が話題となっている。けれども大切なことはこのような4歳児の会話においてでさえ、turn-taking、互いに関連することを述べる、など会話上重要な原則が守られている点であり、それは印象的である。子供たちの遣り取りは明らかに規則に根ざした行為であり、それこそ、この二人の子供が同じ一つの共同社会の一員たる証拠の一端なのである。子供の社会化が高まり、経験世界が広まるにつれて徐々に「共有された知識」の量も増えて行くのであり、それが会話を行う上でこの上なく重要なものなのである。子供は同年代の子供たちからきわめて大きな言語的影響を受け、そこでの言語使用を通して言語的発達を行うことになる。例えば、他所の土地に引っ越した家庭の大人はその土地の言語を含めた生活様式（文化と言っても良い）になかなか馴染めないものなのであるが、子供は大人より遥かに早くその土地の同年代の子供たちから多くの事柄を吸収し、言語もほぼ完璧に習得するものである、ということは研究書などによく報告されているし、大人が経験することでもある。子供は、行った先の土地の文化に遥かに早く同化するものである。

　さて、9A）〜9C）に話を戻そう。子供たちの遣り取りのいくつかは、確かに文脈から判断しないと、意味が分からない意味連鎖的な遣り取りもあるが、その意味的連鎖は次に示す例ほど解釈の難しいものではない。9）と10）の間には背景的知識（共有された知識――常識、教養、世界についての知識など）の面でかなり大きな相違があることは否めない。

　　10）A: Are you going to work tomorrow?
　　　　B: I'm on jury duty.　　　－ Labov:1972、Coulthard:1977

10）が解釈できるためには、第6章1．（2）で示した「関連することを述べよ」という原則が問題であることは言うまでもない。10）の場合の遣り取りを結び付ける関連性は、恐らく if someone is on jury duty, he/she can not go to work tomorrow. ということであろう。このようなことが理解できるまでに子供は数多くの場面で言語に接することと、共有された知識を格段に増やしていかなけれ

第6章　COMMUNICATIVE COMPETENCE（意思伝達能力）の発達

ばならないのである。

（4）言語習得期の子供とコミュニケーション力の発達

　本章の冒頭でコミュニケーション力は私たちが一生掛かって身に付けて行くものだと言っておいた。次に示す例は5歳児の会話であるが、小学校就学以前に子供がどれほど豊かなコミュニケーション能力を発達させるものかを検討して頂きたい。

11) A)（二人の5歳児が昼食をしている場面）

　　E: Do you like pickles?

　　B: What?

　　E: Do you like pickles on your hamburger?

　　B: Pickles.

　　E: Yes.

　　B: Yes.

　　E: Not me. My mommy took'em off.

　　　（Now they are playing.）

　　B: I need a big block like that.

　　E: Here... because you can use those medium ones.

　　B: Okay, now.

　　E: Hey, look at this! My trailer's gonna park in here with my truck.

　　B: So is mine.

　　E: I need some medium ones（blocks）. These are mine, right? Here, you need these? You have to put it just like mine. You see how I put it there.

　　B: How? Where are the mediums?

　　E: You see, there are a lot of mediums.

　　B: I don't have enough blocks.

　　E: You don't? Oh my gosh! Here's a little one. Now look! Look how many cars I have!

B) (Eは母親とテープ・レコーダーについて話している。)

E: What is that star? (Refers to the microphone on the taperecorder.)

M: What is what?

E: The star.

M: Where? Right there?

E: Yes.

M: That's the microphone.

E: It is.

M: Uh-huh. Isn't it neat?

E: But if people are far away from it, how will they talk through it, and will it still be loud?

M: Yes, because this little dial over here can make it louder or not over here. So that's what we have to do.

E: Where's our other tape recorder what we used to have... ours?

M: A long time ago?

E: Yes.

M: I don't know.

E: Can we ask Daddy? He might have took it somewhere.

M: Maybe. We'll have to find out.

E: Now?

M: Not now.

E: If he doesn't know where it is, then you know what we are just going to do?

M: What?

E: Buy another one, and it's gonna be mine.

C) (Eが幼児の妹に話し掛けている場面)

E: You are my beautiful M...... You're a beautiful bye. I will get you somewhere else. Beautiful pie, beautiful pie. Beautiful girl. M....., how are you

第 6 章　COMMUNICATIVE COMPETENCE（意思伝達能力）の発達　93

doing? Yes, you're beautiful. They are records in there. Do you know what records are? Did you know? Do you know what this is for? They are things what we listen to. Do you know that? M....., records are the things what we listen to with our ears.（Baby babbles）

E: M..... hi there! M..... da-da-da! Da-da-da-ya-ya-da-da-da-da! Say "da-da," M.....（Sings）Hello, sweetie pie. We'll put some fancy socks on and you will look so pretty, my little M.....（Baby coos）

E: M.... how are you doing this morning? That's my beautiful pie, that's a beautiful bye, right. M.....? This is a sweet li'l girl.（Baby whines）

E: Don't cry my sweetie baby girl. Don't cry, sweet as apple pie.（sings）I like you, my sweetie pie, pretty girl. Do you want to go to school, sister? It's a beautiful day outside.

― Lindfors, *Children's Language and Learning*

　この会話の遣り取りは実に興味深い。11A）で二人の子供が話をしている時には、当然自分たちの知っている経験世界の中での事柄が話題となっているし、互いに共有された知識の中で遣り取りがなされている。二人は仲良く、親しげな様子で話をしている。次の11B）で少年Eが母親と話をしている時には、常に何かを尋ねるといった具合に（例えば、将来の出来事の可能性についてなど）遣り取りが続いている。言い換えれば、子供は大人から半無意識的に情報を得ようとしているのだ、と言っても良かろう。しかし、最も興味深いのは、次の11C）であり、これは5歳の子供が赤ん坊の妹の相手をしている場面での言葉である。少年は絶えず赤ん坊に話し掛け、あやしている。そのようにしながら、この赤ん坊の表情が示す反応に影響されてもいる。少年は明らかにこの現実世界について（この場合はレコードについて）教えているのである。無論、少年には赤ん坊に知識を与えようなどといった明確な意識はあるまい。このような5歳児の赤ん坊への態度、言語の使い方、あやし方は、明らかに大人（たいていは母親）のそれらの半無意識的な模倣であることは明白である。

　以上のような例は計らずも言語習得の過程でやはり相当大きな重要な部分が

模倣（状況に応じた言語の使い方など）によってなされている、という点を示すものである。この11C）のE少年の言語の使い方と8）の1歳児への母親の言語の使い方を比較してみると面白いのではないか。小学校就学以前の子供でさえ、すでに様々な言語使用の状況に応じて、また、自分の役割に従って、言語を適切に使い分ける（無論、文法的なミスなど細部の調整はまだまだあるわけだが）ということを11A）〜11C）の例は示している。

　言語習得——むしろ"communicative competence"の習得——に係わっている子供が経験を通して徐々に学ばねばならないものは、その子供の属する言語共同体の平均的な大人たちが共有しているはずの知識なのである。言い換えれば、言語習得期の子供というのは、例えば、将棋の仕方を経験によって知ってはいるのだが、その正式なルールを一度も聞かされた験しがない、といったような状況にいるがごときである。

　本章を終えるに当たり、誠に興味深い遣り取りを一つ例示して言語習得期の子供が、場合によっては自分に発せられた言葉の真意を推測できないものである、ということを見ておきたい。

12)　Linus: Do you want to play with me, Violet?
　　　Violet: You're younger than me. (*shuts the door*)
　　　Linus: (*Puzzled*) She didn't answer my question.　　　— Labov: 1972

LinusはVioletの発した言葉に潜んでいるはずの命題（彼女の真意、この場合は、恐らく"since you are younger than I, I don't want to play with you."）を見抜けないままでいる。Linusの二度目の発話は、計らずも彼の経験世界がVioletのそれと比べると、かなり大きな隔たりがあるということを示すものである。"communicative competence"の発達の過程は、周囲の誰かから発せられた言語の形式そのものには現れていない、表面下に潜む意味的命題を見抜くための一連の原則を徐々に学んで行く過程だと言っても良いだろう。

　このように実際の発話には表されないけれども、聞き手が推測できる発話者の発言の示唆する力を「非交話的機能（"illocutionary function"）」などと称す

第6章 COMMUNICATIVE COMPETENCE（意思伝達能力）の発達　95

る。私たち大人が12)を聞いて文脈を理解できるのは、表面的に用いられている単語の連結、ないしは命題の文法的連結では明瞭に示されていない、談話の意味的連結を見いだす能力を談話能力の一部として身に付けているからなのである。このような原則は、明らかに、一つの言語共同体の平均的な大人たちが共有している知識の一部なのであり、それに徐々に近付いて行く過程が言語習得期の子供たちの課題だと言っておいても良い。以上のような母国語習得に関しての事実を確認することは、大人が外国語として英語を身に付ける過程を考察する上でもやはり示唆するところが大きい。

第7章

第二言語習得と外国語学習

1. 第二言語習得の二つの具体例

　本章では第二言語の習得の二つの具体例を検討することにより、その習得過程でのいくつかの重要な要因を明確にし、かつ外国語としての英語教育および英語学習とも関連させながら、第二言語の習得、ひいては外国語としての英語学習を論じることにしたい。第二言語の習得であれ、外国語の学習であれ、正式な（文法）教育を受けた者は、その言語の習得に成功せず、逆に正規の教育を受けない者の方が成功するものだという主張はよく耳にする。また、一般の人は外国語学習の最善の方法が、その言語の話されている現地の国に行って住むことだというふうにいとも簡単に無神経に思い込んでいる。このような主張は場合によっては根拠のない臆測に過ぎず、しばしば誤ったものであることをこれから明らかにして行こうと思う。

　まず、最初の例は25歳のグァテマラ出身の女性、Zoilaの例である。この女性はスペイン語を母語とする。彼女はアメリカに来てから何軒かのアメリカ人の家庭に滞在し、家政婦的な仕事をしていたが、次に示す例は、彼女がアメリカに来て1年半たった時点での遣り取りである。正にこの事例は、「聞きよう聞き真似」による英語の学習である点に注意しておいて頂きたい。

1) Zoila: I never.... I never listen, you know the.... the words little, uh, small words for continue my conversation.
   Rina: What, like what?

Zoila: The /fras/, you know *frase*?

Rina: Sentence.

Zoila: The sentence, sentence. In the sentence I never using this little, little words.

Rina: Little words?

Zoila: Ah, "and", and "that", /ʌm/ /ipidit/ (=examples of "little" words as observed by Zoila) You know? If /bin/ /it/ sometimes...(unintelligible)....Well, maybe bacause I no study... never, and only hear the people and.... and talking.

Rina: Yeah, but people talk with these words.

Zoila: Yeah, *pero* /əs, eh/, I'm.... hear and put more attention the big words. You know and... something "house". I know "house" is the *casa* for me. And /əsəs/ and little words is no too important for me.

　この例の報告者であるR. Shapira (1978) によるとZoilaは18か月英語の話されている環境に居ながら、彼女の話す英語は1)に示されるような誤りだらけのレヴェルからまったく改善しなかったという。このような言語学習の中間段階 (中間言語 (interlanguage) と言う) でまったく発達が止まってしまう現象を「化石化」(fossilization) と称している。つまりZoilaの話す英語は1)に示されたような中間言語的な発達段階で化石化してしまったということであった。

　Zoilaの話す英語はいくつかの点でピジン・イングリッシュ (pidgin English) に似ている。ピジン・イングリッシュというのは世界各地で英語を母語としない人が、学校などでの正規の英語教育を受けないままに、聞きよう聞き真似で身に付けた英語のことである。それは標準的な英語から発音のみならず、語彙・文法ともにかなり体系的に異なっている。例えば、嘗てのハワイ原住民の話していた英語に似ている。なるほど、Zoilaの話すような不完全な英語でも (顔の表情や、ジェスチャーなどをも交えて) かなりのコミュニケーションを計ることが可能である。それは、このような話し手の英語は、まったく不完全なのだが、それでも何とか意味を理解して貰える程度の発話を行っているからな

のである。また、当然のことだがZoilaは英語を母国語とする人々の話す日常の英語を理解できているわけである。

　さて、いくつかの重要な調査・研究の結果によると、母国語習得の場合であれ、第二言語の習得の場合であれ、（恐らく外国語として英語を学ぶ場合であれ）学習者（年齢的には大きな相違があるが）の犯す文法形態素の過ちが矯正されて行く過程には大きな類似性が見られるという。文法形態素とは、三人称・単数・現在の-s、名詞の複数語尾の-s、過去時制を示す-edなどのことである。母国語習得の場合は、言うまでもなく、子供が数え切れないほど数多くの経験を積むことによって徐々に過ちを犯さなくなって行くわけである。逆に外国語学習（第二言語の習得をも含めて）の場合にはかなりの部分で教授者からの強制的な矯正や、学習者の自覚によってこのようなミスを犯さなくする以外に目標の外国語に堪能になる方法はない。第2章でも論じておいたが、授業中に可能な限り口頭による言語活動を重視する立場の"communicative approach"の考え方ではZoilaの話すまったく不完全な英語が許されるかもしれない。なぜなら、先程も述べたようにZoilaの英語でも何程かのコミュニケーションを計ることが、事実、できるし、何にもましてZoilaは現に英語を使っているからである。口頭による言語活動こそ最重要だ、という立場を取るとすれば、Zoilaの話すような言語活動の場合でも何がしかの成功を収めたことになる。

　また、非常に皮肉な考え方をすれば、そのような授業で何も発言しない生徒だって、発話場面で何も言わないことを学んだわけだから、そのような生徒もほんの僅かにせよ成功を収めたと言いうることになるだろう。そこで、このような考え方を支持する人はZoilaの生み出すようなピジン・イングリッシュ的な英語を授業にも許容する立場を取ることになるのだろう（先程も述べたが、このような主張の根拠として「ある種の条件があれば、このような過ちは極く自然に無くなって行き、学習者はきちんとした発達を遂げることができるのだから、従来の言語学習（教育）の理論的根拠の大部分は疑問だ」といった見解があるはずなのである）。しかし、そのように述べるにはかなり大きな不安を筆者も覚えるし、読者の方々も同様だろう。それは学習者の使う言語の質の問題である。Zoilaの英語が教室内で用いられたらどうだろう、と考えるだけでもぞ

っとする思いである。ここにこそ教育の効果が存在するのである。

　一方、Zoilaはまったく英語を知らないままにアメリカにやって来たのであるから、周囲の人々の話す英語を聞きながら、重要な単語の聞き取りに彼女がいかに傾注したかは想像に難くない。そのことはくしくも彼女自身の言葉にも表れている。だが、問題は、以上のようなZoilaの経験した、素人目にはまったく理想的と言えそうな英語習得環境の中で、Zoilaには専門的判断による簡略化された教材が全然与えられはしなかったという点である。この点は第2章で幼児の言語習得のことを論じた時に多少は示唆したし、第6章でも母親が幼児に話し掛ける言葉を提示した時にいく分かは問題にしたことであった（第2章2.（2）、第6章1.（3）の各セクション参照）。

　次に挙げる事例もやはりスペイン語を母国語にする女性Blancaの例である。Blancaの場合は、全部で6か月82時間に及ぶ93回の会話を通して英語を学ぶという学習法であった。Blancaに課された唯一の条件は会話の相手役の先生であるA. Hughesの前以外で英語を読んだり、書いたり、聞いたり、話したりしてはいけないということだけであった。以下に示したA（=Arthur Hughes）とB（=Blanca）の対話はすでに31時間を経過した、44回目の場面でのものである。

2) A: and then... what did you do?

　　B: I get up at half past /ein/... half past eight.

　　A: half past eight, yeh.

　　B: and then... I went to the bathroom... and I washed... and I brushed my h....

　　A: your hair, yes.

　　B: I brushed my hair... and then went to the bathroom.

　　A: yes.

　　B: I washed.

　　A: yes.

　　B: I dress... or I am dressed?

　　A: No... I dressed.

　　　B: I dressed... I dressed and I put the blankets on the chair... opened the window... or the door.

A: or the door, yeh.

B: or the door... and went to the kitchen... and I put the clothes in the....

A: bucket?

B: bucket... bocket.

A: bucket, yeh.

B: in the bucket... and water... um... and soap.

A: and soap, yeh.

B: and soap...

A: powder.

B: powder... powder?

A: soap powder, yeh.

B: powder.

A: this is soap... but in a... in a box... in a packet this is soap powder.

B: I put the soap powder in the water... er... in the water... I put the clothes.

A: good

B: then... Martha woke up.　　－Hughes: 1983

この記録の報告者であるA．HughesはBlancaのコミュニケーション能力の発達を概ね次のように要約している（以下に示すものは和訳ではない）。

3) 要約すれば、外国語学習の状況の中でブランカは一週間に僅か3時間ほど英語を聞いて話していた。彼女はどうあれコミュニケーショをしなければならないという状況にいたわけではなかった。時折見られるように、彼女が自ら訂正を求めた場合は別として、彼女の英語が明確に直されるということはなかった。こういった状況の中でブランカはまったく自然に近い第二言語の発達に比べても良い、英語学習の急速な進歩を見せた。無論、ただ一人の被験者の研究から余りにも多くを推測することは差し控えるべきだろうが、この研究は、第二言語が学ばれて行くのとほぼ同じように、比較的僅かな経験で

もってさえ明確な教育の無いまま外国語を学ぶことができるのだということを現に示している。 － Hughes: 1983

明らかに Hughes は Zoila、Blanca ともに第二言語、外国語の流暢さを身に付けたと考えている。すでに第2章で述べたが、"communicative approach" を提唱する人たちは第二言語の学習者の生み出す言語の中に文法形式の実現を目指す教育は必要なく、その習得は学習者が経験を通して身に付けるべく、学習者任せにしておいて良い、という立場なのである（第2章1．(4) のセクション参照）。このような見解は明らかに幼児の母国語習得の様式の分析に基づいたものである。

ここで、教育がいかなる効用を有するかを Blanca の例に即して考えておきたい。先般も述べたが、Hughes は Zoila、Blanca の二人が明白な教授を受けることもなくある程度の英語の "fluency" を達成したと考えている。現に Blanca の場合には以下のように述べている。

4) ブランカに英語を教えようという気持ちはちっとも有りませんでした。私は短い、単純な、文法的な文を話し始めました。その中に数多くの疑問文と命令文が有りました。ブランカが口にした発話のいずれにせよ、それは間違いだなどと一度も言った覚えがありません。彼女の言ったことを時には長くしてやったり、訂正してやりましたが、どこがいけないのかということを故意に強調したりはしませんでした。私達はゲームをしたり、雑談したり、また、彼女の作った切り抜きを見たりしたのです。それから、好き嫌いについて話したり、この前会ってからどうしたかとか、次の時までどうしているかなどということを話したのです。 － Hughes: 1983

Hughes は「ブランカに英語を教えようという気持ちはちっとも有りませんでした」と述べているが、それに続けて「私は短い、単純な、文法的な文を話し始めました。その中に数多くの疑問文と命令文が有りました」ということを計らずも認めている。このような接し方は第6章 8) の例で観察した1歳児への母親のそれに見られる典型的な特徴でもあったことが思い起こされるだろう（さ

らに、第2章2．(2)のセクション参照)。

　以上のようにHughesはBlancaの頭の中に徐々に培われて行った文を構成するルール（スキーマ（schema、複数形はschemata））をうまく半ば無意識的に刺激するように対応したのである。その際、HughesがBlancaに話しかける英語は明らかにネイティヴ同士が話をしている時のような英語とは違い、半無意識的に単純化された、やさしい英語の構造、語彙、表現を用いるといった「等級付け」を行っていることは明らかである。このような単純化のプロセスは子供の言語習得の過程でも非常に重要な要因であった．このようなことは一切学習者の目標言語の習得状況に応じた適切な学習材料と何がしかの適切な方向付け（すなわち、正規の教育）の必要性を指し示すものである。外国語教育（意識的教育）であれ、母国語習得（半無意識的教育）であれ、学習者の発達段階に応じた適切な等級付けによる学習材料の簡略化は非常に重要なのである。

2．言語材料の簡略化および等級付けされた教材の重要性

　以上、1）と2）で見たZoilaとBlancaが自然の状況において、ある程度の英語の流暢さを達成したということは認めうるところである。しかし、この二人の達成した程度にも拘らず、二人とも学習の必要性を感じているように見える。現にZoilaは/əsəs/という言い方で表された単語の語尾などの"little words"や会話を繋げて行く*and*などの"small words for continue my conversation"の使い方を意識的に学べなかったから使えないということを自ら言い当てている。Zoilaの事例は、専門家による以上のような文法形態素や機能語の教授がなければ、いくら英語に取り囲まれていようが、そのような要素は習得不可能に近いということを示していると言える。したがって、外国語学習であれ、第二言語習得であれ、その開始期に適切に簡略化された材料の中で、Zoilaの言い当てている学習不可能に近い言語の要素の使い方を教育されなければならないことが確認される。

　Zoilaの例に反してBlancaの場合は、学習時間の少なさを考えると、遥かに

印象的で、素晴らしい成果を上げているように見える。この成功はやはりHughesの（明確な教育意図の否定にも拘らず）半無意識的な専門的判断のなされた教育の成果であることは否定できないだろう。Zoilaが指摘したような"little words"や"small words"についてもHughesはBlancaの質問には適切に答えている（例えば、Blancaの質問"I dress...I am dressed"に対してHughesは"I dressed"と言うのだと答えている）。

さて、コミュニケーションという術語を、「聞き手との情報の隙間を埋めること」だというように定義するとしたら、ZoilaとBlancaのどちらもたいしてコミュニケーションを行っているとは言い難い。無論、形式的な面を考えれば、Blancaは過去を示す時制形をきちんと使いこなしているといった議論も成り立つだろう。しかし、それはBlancaがコミュニケーションに焦点を置いているからということではなく（つまり、過去の事柄だという事実を聞き手に伝えなければならないという気持ちから習慣的に過去時制形が出てきたのではなく）、むしろ、Blancaは大人として過去形が何を意味し、その場合、形式的には-edだということを意識してのことだと考えられる。一般的な傾向として大人の学習者の方が言語の形式面により神経を使うものである。

さて、これまで二つの英語の習得例を見てきたが、そのようにしながらどこに教育の効用が位置付けられるかを示唆してきた。結局、学習者は状況に即して文法の諸特徴を関連させながら、言われたことの意味を推測し、かつ、自ら意味の有る発話ができるようにならなければならないのである。しかも、その際に忘れてならないのは学習者の学ぶ言語の種類である。このようなことは、学習者はまず考えないし、教える側もそのようなことを教える時間的余裕がない（のであろう）。

これは、標準語の問題である。教科書などに提示されている言語（の種類）は、普通、標準語であり、ある種の独特な地方方言が提示される場合は、特殊な事例を除いて有りえない。そこで、学習者はあたかもテキストに提示された言語（の種類）が即、その言語の総体だといったふうに無意識に思い込んでしまうものなのである。むしろ、そのようなことに気付きもしないし、気付いたところで、一体それが自分たちの英語の勉強にどのように関係するのかなどと

いう問題を考えもしないだろう。少なくとも、標準的な言語を学んでおかなければならないことはいくつかの理由から明らかである。例えば、標準的な言語を身に付けていることは、今日の多くの文明国で教育を身に付けた人の印となっている。また、標準的な言語を身に付けているということは様々な社会生活面に影響するものである。

　例えば、関西弁（何も関西弁そのものが悪いと言っているわけではないから誤解のないように）丸出しの人が、大学の総長、最高裁の判事、外務省の高官として勤められるだろうか。もっとも、やってやれないことはないだろうが、例えば、最高裁の判事が関西弁で判決を下す場面を想像してみるだけで滑稽きわまりない。このように、いかなる言語の種類を学ぶのかということも本当はきわめて大事なことなのである。第二言語の習得で最も大事な問題の一つは、言語学者でもない限り、いかなる性質の言語を選んで学習すれば良いかを自分で判断することは非常に困難だということなのである。

　さらに、言語学習者にとって大事なことは本章で長々と論じてきたように、専門的判断によって等級付けられた言語学習の材料の重要性に関わる問題なのであった。以上のような議論を通して、かなり周到な準備も無いまま、ともあれその言語の話されている国に行くことこそ外国語学習の最善策だという、一般大衆の抱きがちな安易な臆測が実際には余り根拠の無いものだと理解して頂けるものと考える。

　Zoilaの事例が示唆するように、学習者の側にまったく何も予備的学習ないしは予備知識も無いまま目標言語の話されている現地にやって来たところで、その目標言語が十分に習得できるとは限らない。無論、Zoilaの場合はアメリカ人の家庭で家政婦的な仕事をしていたわけであるから、誰一人、親身になってZoilaに英語を教えてくれた者はいなかった。この事例ならびにBlancaの事例から明らかなことは以下のことである。専門的判断により適切に単純化された言語教材が学習者に与えられ、ある程度系統立てられた言語学習計画の中で言語構造、機能語の用法などの言語の重要な要素が教授され、それらがきちんと学習者の頭の中に定着し、それらを意識しなくとも駆使できる程度にまで習熟しなければならない、ということである。

第2部　演習編（練習問題と解答）

I. 文法演習（次の各番号の問題につき、指示に従って答えなさい）

1）次の各文の下線部につき、「句」か「節」かを指摘し、その機能（名詞的、形容詞的、副詞的）を指摘しなさい。

1. <u>After working all evening</u>, Sutton felt tired.
2. George said <u>that he would meet the professor there</u>.
3. There is a French restaurant in the main street <u>where one can eat tolerably</u>.
4. Barbara advised her to review <u>for the examination</u>.
5. <u>When you read</u>, you know that comprehension is of first importance.
6. Write a paragraph <u>in which you describe what is happening around you</u>.
7. In telling a story, it is usually useful <u>to organize the events in chronological order</u>.
8. For a few months Betty had been living in a cozy old farm house <u>just outside of town</u>.
9. On entenng the room, Cathy remembered the doll <u>she had broken</u>.
10. She had been waitlng for two weeks <u>before you finally called</u>.

2）次の各文につき、主節と従属節を指摘しなさい。

1. Mr. Borden mentioned that his wife likes to live in London, too.
2. Then the bear declared that he would eat the little hare.
3. Little Johnny, whom we know very well, asked a question.
4. When Dick Anderson was sixteen, his family moved to California.
5. Thomas was sure that the weather would clear up in a few hours.
6. Ryan told his friend that he was struggling with fear.

3）次の各文の下線部につき、「句」は「節」、「節」は「句」に変換しなさい。

1. Robinson insists <u>that he is innocent</u>. （on を使って）
2. Jones complained <u>that he had been underpaid</u>. （of を使って）
3. It depends on <u>wheher the students have enough</u> <u>courage to do lt</u>. （動名詞を使って）

4．We agree with him about its being true.（that〜を使って）
5．Seeing a large snake coming towards her, she fled immediately.（whenを使って）
6．I showed a picture that I had painted.（ofを使って）

4）次の各組のイタリックの語に注意して和訳しなさい。
1．a. There is an *hourly* service of buses to Boston.
　　b. The bus runs *hourly*.
2．a. They advertised for a flat in several *monthly* periodicals.
　　b. This periodical is published *monthly*.
3．a. That train goes *direct* to Vienna.
　　b. Her father left *directly* after breakfast.
4．a. They *still* want to go to Brazil.
　　b. Though her son did her best, he *still* failed in the entrance exam.
5．a."When you pronounce this sound, you must open your mouth *wide*," said the teacher.
　　b. My sister Jeniffer has traveled *widely* around the world since she got the job in a travel agency.

5）次の各文につき、（　　）内から適切な方を選んで英文を完成しなさい。
1．David（clean, cleanly）forgot to ask about the problem.
2．This sword cuts very（clean, cleanly）.
3．Keep（clear, clearly）of the gates of the elevator.
4．Did the stars shine（clear, clearly）that night?
5．Take it（easy, easily）.
6．We can（easy, easily）imagine their surprise.
7．You must fix your hope（high, highly）.
8．All the students in the school thought（high, highly）of the schoolmaster.
9．Nothing went（right, rightly）with the mayor.
10．We can't（right, rightly）recollect whether Mr. Baker really said that or not.

6）次の各文で、イタリックの副詞が修飾する語句を指摘しなさい。

1. It's *extremely* good of you to do that for me.
2. Tom seems to smoke *rather* heavily these days.
3. *Oddly* enough, Mary did not say anything about her plan.
4. His parents will stay in the United States for *about* a year.
5. Hickman told us *such* a funny story.
6. Now that you have read *this* far, you may take a rest.
7. *Naturally* Jones could not solve the question.
8. Hester's arrow fell *short* of the target.

7）次の各文につき、省略された部分を適当に補って完全な文にしなさい。

1. Thomas was wearing a raincoat then, and didn't get wet.
2. John's father was in such a rage he could have hit me.
3. Harold knows many things we are ignorant of.
4. Mike sat on the bench reading a paper, pipe in mouth.
5. This school is bigger than my last.
6. Why not go there at once?
7. She borrowed my pen, although I told her not to.
8. Margaret likes him better than me.
9. Some of the people there wore Korean clothes, but others foreign.
10. While young, Gordon used to go to church on Sundays.

8）次の各文の省略が、A.共通部分の省略、B.文法構造上可能な省略、C.周囲の状況や慣用などによる省略、のいずれか答えなさい。

1. See you again.
2. If necessary, we should go to the station at once.
3. Impatient, he was about to tear her letter into pieces.
4. May we come in?—No, not yet.
5. Will Lawson be here tomorrow?

―He will be if his train is on time.
6. One more trial and you might succeed in the enterprise.
7. I know that Norton went to NewYork and McNeil to St. Louis.
8. Tired? ― Yes, Very. And you?

9) 次の各文につき、省略可能な部分を指摘しなさい。
1. Paul loves Catherine but William does not love Catherine.
2. Someone has just been shot, but I don't know who has just been shot.
3. Max was examined by the doctor, and Pater was examined by the doctor, too.
4. Oliver tried to write a story, and Ian tried to write a poem.
5. Patricia talked to Peter yesterday, and Sandy talked to Alan yesterday.
6. Put a mark where it is necessary.
7. What did Norton give to his sister?
   ―He gave a sweater to her.
8. Roger will come to the party if Mary can come to the party.
9. "Are you looking for anything?" asked a stranger.
10. "Do you want some more tea?"

10) 次の各文を通常の語順にしなさい。
1. Never has she seen such a beautiful skyline in her life.
2. Were it not for his advice, Mary should have made a serious mistake.
3. On the table lay a copy of a popular magazine.
4. Down fell the wall.
5. So rotten was the boat that it began to sink soon.
6. Not a single word did Catherine say when I saw her in the corridor.
7. In vain did Norton try to lift the box.
8. Across the clear blue sky rolled a strange beautiful cloud.
9. Happy are those who are in good health.
10. Only after a long delay did the news of Macy's queer fate reach the village.

11) 次の各文につき、イタリックの部分を倒置した文にしなさい。
1. We have *never* seen a beautiful garden like this.
2. Thomas *rarely* makes such a mistake.
3. If it *had* not been for Jane's advice, I would not have accepted their offer.
4. Though he was *brave*, he could not but cry for help. （as を使って）
5. I have *seldom* seen him so angry.
6. They realized *only* later what a terrible thing had occurred in their native village.
7. His behavior to his son was *equally strange*.
8. Davidson agreed to her plan *only after a long heated discussion*.
9. If anyone *should* come to see me in my absence, please tell him that I will call him up later.
10. The thief had *hardly* escaped when he was recaptured.

12) 次の（　　）内の語を並べかえて倒置を受けた英文を作りなさい。
1. その言葉の中に彼の成功の秘密がある。
   (words, secret, his, his, those, is, the, in, of, of, success).
2. 先生は一言も言わなかった。
   (the, not, did, say, word, teacher, single, a).
3. その時になってやっとハワードは父の真意がわかった。
   (then, not, Howard, father, meant, until, realize, what, did, his, really).
4. 彼女から手紙が来ようとは夢にも思わなかった。
   (her, little, dream, letter, did, a, of, I, from).

13) 次の各文について、準動詞の論理主語を指摘しなさい。
1. Has Bill asked you to marry him?
2. It is impossible for me to comply with your request.
3. Tell me whether to trust her or not.
4. It is very kind of you to do so.
5. He opened the door for his son to come in.

6. Tom is not ashamed of his father's being poor when he was young.
7. I look forward to hearing from you.
8. On arriving there, I called him up at once.
9. The man reading today's paper is my uncle.
10. Taken by surprise, they had nothing to say.

14) 次の各文の（　）内に入る語を後のa)〜j)から選んで入れなさい。
1. Pardon my (　) that.
2. (　) in haste, this book has some faults.
3. I really can't help (　) he will win the race.
4. Some books, (　) carelessly, will do you more harm than good.
5. We kept (　) in the street car.
6. His departure (　) upon, he was eager to go away as soon as he could.
7. (　) the house shake, I ran out into the garden.
8. This book is worth (　).
9. (　) that I was wrong, I can't still agree with you.
10. There is no (　) what may happen.

　　a) written　b) saying　c) admitting　d) read　e) feeling
　　f) decided　g) telling　h) standing　i) hoping　j) reading

15) 1と2は不定詞を用いて、3と4は動名詞を用いて1つの文に、さらに、5と6は分詞構文を用いて書き換えなさい。
1. He admitted it.／My statement was true.
2. Tom stayed at home.／He looked after his old mother.
3. Hayward idled away his youth.／He regrets it.
4. His son was naughty.／Father scolded him for that.
5. Though the employer admitted the protest of the workers, he could not promote the wages.
6. While we were walking along the street, we heard several shots behind us.

16) 次の各問の左側の文のイタリック部分と類似した意味になるように右側の文に一語書き入れなさい。

1. John is *one who imports* foreign rugs.／John is an(　　　) of foreign rugs.
2. Her car *is near* the garage.／Her car (　　　) the garage.
3. Jackson *is in* the room.／Jackson (　　　) the room.
4. I'm sorry *about* it.／I (　　　) it.
5. That *was exciting to* me.／That (　　　) me.
6. He *is eager to* go.／He (　　　) to go.
7. Mary *is beautiful*.／Mary is a (　　　).
8. Jason *was afraid* that Barbara would come.／Jason (　　　) that Barbara would come.
9. Mark *was able to* hit a ball 350 feet.／Mark (　　　) hit a ball 350 feet.
10. *It was necessary* for me to know that.／I (　　　) to know that.

17) 次の各文を (　　　) 内の指示に従って書き換えなさい。

1. John is ahead of Bill. （behind を使って）
2. John went into the house. （enter を使って）
3. Pretty little flowers sprouted in our garden. （come up を使って）
4. Catherine obtained the book from Mary. （give を使って）
5. Stuck sent a book to Pat. （receive を使って）
6. The dots are in the circle. （around を使って）
7. Barbara remained in the room alone. （be を使って）
8. My brother walked with Sally. （accompany を使って）
9. John didn't let his son watch television. （keep を使って）
10. Mark persuaded Helen not to go there. （dissuade を使って）

18) 次の各文につき、与えられた語句を用いて書き換えなさい。

1. Mike smeared paint on the wall.／Mike smeared (　　　) with (　　　).
2. George stripped the branches of the tree.／George stripped (　　　) of (　　　).

3. Bees are swarming in the garden. ／ The garden is (　　　) with (　　　).
4. I liked the opera immensely. ／ The opera (　　　) me (　　　).

19) 次の各文の曖昧性を検討しなさい。

1. The coat is warm.
2. I like Alice as well as Mike.
3. John did not write to me for that reason.
4. Jackson was mistaken as a wild animal trainer.
5. Shooting of the hunters has been prohibited in this area.
6. Flying planes can be dangerous.
7. We found the old woman's hat in the drawer.
8. Where were you wounded?
9. The boss greeted the girl with a smile.
10. Jackson was obviously indiscreet.

20) 次の各文につきイタリック部分に注意し、曖昧性が、A.修飾関係、B.構造、のいずれによるものか述べなさい。

1. Alice likes George more than *Tom*.
2. Paula could *not* attend the meeting because she had another errand.
3. We watched the game *in the room*.
4. Mary is a *pretty* good cook.
5. We were ordered to stop drinking *at midnight*.
6. We *don't* believe Jane said he was an American.
7. Jack hit the man *with a long white stick*.
8. *Shooting of the guardsmen* was atrocious.
9. The lamb is *too hot to eat*.
10. Rick decided *on the boat*.

21) 問題20)の3、4、6、7、9を各2通りに書き換え、曖昧でない文にしなさい。

22) 次の文につき、ヒントを参考に6通りの意味解釈を考えなさい。

The seniors are asked to stop demonstrating on campus.

ヒント
1．On campus が demonstrating、stop、are asked のいずれをも修飾する可能性があるということ
2．demonstrating する主体が学生か、それとも、他の誰かなのか。

23) 次の各文の意味を検討し、文頭の主語がイタリック部分の論理主語か、それとも論理目的語かを言いなさい。

1．Advice is sure *of hearing*.
2．His house is too small *to live in*.
3．Nobody is certain *to pass the test next time*.
4．Hester is hard *to consider competent* in this work.
5．Nothing is hard for Mark *to lift*.
6．The story of Helen's sufferings was painful *to listen to*.
7．You are very kind *to say so*.
8．Peter was difficult for Bill *to hit*.
9．Cars are tough *to park* in this campus.
10．Margaret is certain *to win the first prize*.

24) 次のA群とB群を一回ずつ結びつけて英文を作りなさい。

【A】1．The man was impossible
　　 2．The clothes are unfit
　　 3．The room is pleasant
　　 4．Mary is anxious
　　 5．We are all glad

【B】a. to get such a well-paid job.
　　 b. to work with.
　　 c. to please.
　　 d. to know that you are safe.
　　 e. to start.

6. The children were so impatient   f. to wear.
7. Cary was delighted   g. to work in.
8. The flat is very convenient   h. to live in.

25) 次の各文が，"It is〜"という書き出しで書き換えられるか否かを検討し，可能ならば書き換えなさい。

1. Some people are hard to please.
2. This lake is dangerous to swim in.
3. The story of his adventures will be fascinatlng to listen to.
4. The pub was quite difficult to find.
5. We are quite willing to come with them.
6. James is certain to join us.
7. Philip was by nature quite quick to feel the sufferings of others.
8. George seems reluctant to talk about that matter.
9. They are impossible to live with.
10. We are very sorry to hear of your failure.

26) We call someone from Japan a Japanese. If you come from Russia you are called a Russian. Then what do you call the people who come from the following countries and cities?

1. India	2. Sweden	3. Switzerland	4. Mongolia
5. Philippine	6. Vietnam	7. Germany	8. Turkey
9. California	10. Egypt	11. Brazil	12. Scotland
13. Armenia	14. Virginia	15. Argentina	16. Boston
17. Chicago	18. Paris	19. Liverpool	20. Dublin
21. New York	22. London	23. Tokyo	24. Peking
25. Naples	26. Oregon		

(*Use a dictionary if necessary*)

II. 和訳演習

1. In answer to my ring came the creak of the wheel chair. It was Mrs. McGinnis herself. She opened the door and held out her hand, smiling.

2. The Emplre State Building is one of the nicest sights in New York City. Standing several blocks away, and looking up, one can get an idea of its terrific height.

3. Most hopeless of all is the fact that we were unable to move to another house. First we could not move because we could not find a better one; now we cannot afford one.

4. As he was about to descend, he heard a voice from a distance, halloolng, "Rip Van Winkle! Rip Van Winkle!" He looked round, but could see nothing but a crow winging its solitary flight across the mountains. — W. Irving, *Rip Van Winkle*

5. "What do you imagine I think, Jackie?" she whispered. "I am so tired." A long sigh shook her slight form. "Jack, dear, for my sake, won't you come home after the dance? Explain to Helen that I need you. She'll understand."

6. For more than a week my pen has lain untouched. I have written nothing for seven whole days, not even a letter. Except during one or two bouts of illness, such a thing never happened in my life before.
— G. Gissing, *The Private Papers of Henry Ryecroft*

7. It happened that in January some winters ago, there was a very great fall of snow in England, especially in the south and west. The snow fell without intermission all day and all night, and on the following morning Wells appeared half buried in it.
— W. H. Hudson, *Birds and Man*

8. On the hilltop above me sat the rising moon; pale yet as a cloud, but brightening momently; she looked over Hay, which, half lost in trees, sent up a blue smoke from its few chimneys; it was yet a mile distant, but in the absolute hush I could hear plainly its thin murmurs of life.　　－ C. Brontë, *Jane Fyre*

9. For the first time in her life Mrs. Baker was feeling old. The fire burning brightly in the fireplace did not warm her; the picture of her husband, Charles, smiling down at her debonairely from its frame on the mantel, filled her with a sense of her loneliness.

10. Although the class play was only three days off, the first dress rehearsal was going none too well. Joseph March as villain was too melodramatic; Ellen Green as heroine was too sentimental. All the players in the last act forgot their lines too often; the business was too awkward, too slow to be natural.

11. Generally, using a car is the most convenient way of getting around San Diego. Most major attractions and shopping areas are within easy freeway access, traffic delays are infrequent, except in the downtown areas during rush hours, and the main thoroughfares make it easy to find your way.　　－ AAA, *Toor Book*

12. Philip went out and wondered what he should do with hiimself till dinner. He was eager to do something characteristic. Absinthe! Of course it was indicated, and so, sauntering towards the station, he seated himself outside a cafe and ordered it. He drank with nausea and satisfaction.　　－ W. S. Maugham, *Of Human Bondage*

13. Afterwards he went back to his rooms, but Griffiths on the floor above him was having a party, and the noisy merriment made his own misery more hard to bear. He went to a music hall, but it was Saturday night and there was standing room only: after half an hour of boredom his legs grew tired and he went home.

— W. S. Maugham, *Of Human Bondage*

14. In the silence of midnight I stepped softly to the wharf, removed my shoes. As I carefully groped my way to the end of the wharf, my heart beat with a mysterious expectancy. I was utterly alone. Behind me rose a mass of depthless shadows; far out in front of me were more dim shadows; above were the star-sprinkled heavens and far, far below in the water shimmered a replica of the sky.

15. One evening, a week after Sue had died, Mr. Norton sat on the porch steps watering his lawn. It was no pleasure, but his wife had insisted, and he had gone for the hose. Thinking nothing and thinking everything, as we do when we dream, he sat very still, bent almost double, his fat white shirted arms between his knees, his pudgy hands turning the nozzle in wide circles from the cement walk to the porch.

16. I said to myself, "It would be a shame to ask Mother because she has nine of us to worry about. Dad, too, has never asked me what I want to do. I know why now. He plans to keep me working on his farm. There's no future in that!" In my confusion I almost yelled. I must have said it aloud, for with that, Mother entered. She placed her soft, smooth hand on my forehead, saying "What is troubling you, John?" Finally she persuaded me to speak.

17. One day when seventeen years old he wandered into the Cathedral of his native town. In the midst of his reverie he looked up at the lamps hanging by long chains from the high ceiling of the church. He found himself no longer thinking of the building, worshipers, or the services; of his artistic or religious interests; of his reluctance to become a physician as his father wished.

— J. H. Robinson, "On Various Kinds of Thinking"

18. So she called softly after it, "Mouse dear! Do come back again, and we won't talk

about cats and dogs any more, if you don't like them!" When the mouse heard this it turned and swam slowly back to her; its face was quite pale (with passion, Alice thought) and it said in a trembling low voice, "Let's get to the shore, and then I'll tell you my history, and you'll understand why it is I hate cats and dogs."

— Lewis Carroll, *Alice's Adventures Under Ground*

19. In general, the grammar of spoken sentences is simpler and less strictly constructed than the grammar of written sentences. It is difficult to divide a spoken conversation into separate sentences, and the connections between one clause and another are less clear because the speaker relies more on the hearer's understanding of context and on his ability to interrupt if he fails to understand.

— G. Leech & J. Svartvik, *A Communicative Grammar*

20. At the beginning of the eighteenth century the rural landscape of England was still far from assuming its present likeness. Over large tracts of the country, especially in the west and the north, and to a considerable extent in the southeast also, the pattern of field and hedgerow, hamlet and farm, road and lane, had established itself pretty much as we know it.

— W. G. Hoskins, *The Making of the English Landscape*

21. You are not going to college this fall, Hayward, merely to aid your chances, for getting a good job. There is much more to a college education than that. It is your opportunity to meet intelligent young people from every part of the country. Get to know your classmates. Mix in their conversations at the dormitory in the evenings, at the cafeterla, and in the lounges. You're going to understand that all of them do not hold the same opinions as yours.

22. Villa St. Helena is a grand Mediterranean-style villa now operated as an elegant country inn. Located 65 miles north of San Francisco in the hills above St. Helena, this

secluded 20-acre estate combines quiet country comfort with panoramic views of beautiful Napa Valley. Majestically it presides over America's premium vineyards and prestigious wineries while screened from view by towering old oak, bay, and madrone trees. After ascending the serpentine three-quarter mile private drive, one is suddenly presented with this sumptuous mansion.

23. One afternoon, when the chestnuts were coming into flower, Maggie had brought her chair outside the front door, and was seated there with a book on her knees. Her dark eyes had wandered from the book, but they did not seem to be enjoying the sunshine which pierced the screen of jasmine on the projecting porch at her right, and threw leafy shadows on her pale round cheek; they seemed rather to be searching for something that was not disclosed by the sunshine.

― G. Eliot, *The Mill on the Floss*

24. He walked all the way home, letting one car after another pass him on the street, now so empty of other passing, and it was almost eleven o'clock when he reached home. A carriage stood before his house, and when he let himself in with his key, he heard talking in the family room. It came into his head that Irene had got back unexpectedly, and that the sight of her was somehow going to make it harder for him; then he thought it might be Corey, come upon some desperate pretext to see Penelope; but when he opened the door he saw, with a certain absence of surprise, that it was Rogers.

― W. D. Howells, *The Rise of Silas Lapham*

III. 長文読解演習

1. Read the following passage and answer the following questions either in English or Japanese except questions 1), 2) and 5).

　　The majority of old towns have grown up as market towns, and they all present their own special problems. (A)This makes them more varied to look at, and in general perhaps more picturesque, but it is not easy to make them intelligible to someone who has not seen them. The market-place was the growing point of most towns, and they have taken their shape around it. Standing in the market-place, we are—not always but very often—at the origin of things. As we study its shape, its size, its layout in relation to the parish church, and the details of its topography, we are confronted by a whole series of questions. (B)If we could answer these, I feel we should know a lot more than we do about the earliest history of the place and the way it has grown. What accounts for the differences from town to town, or the similarities between them?

　　In the Midlands, even in the large industrial towns, we find markets still being carried on with stalls pitched in a large open space, covering perhaps a couple of acres, (C)exactly in the medieval fashion. The covered stalls with their piles of goods of every description, the traders shouting their wares from every stall under the open sky, all this is purely medieval; and around these open markets stand the lordly twentieth-century shops, the nearest to the London shops that the town can show. It is (D)a curious survival: the Middle Ages incapsulated in the twentieth-century industrial town. Such great open-air markets can be seen at Northampton, Newark and Leicester, for example, and most notable of all was that at Nottingham, where the vast triangular market-place covers five-and-a-half acres and was once even larger. (E)Only in recent years has it been taken over as the civic centre, and the Goose Fair relegated to the outer suburbs; but for something like a thousand years it was the market-place. At Leicester the market-place occupied the whole of the south-eastern quarter of the walled town. It has shrunk a little since it first started there, perhaps in the tenth century, but it is still one of the largest open-air markets in the country.

Questions

1) Underline (A). Put the underlined sentence into Japanese.
2) Underline (B). Put the underlined sentence into Japanese.
3) Underline (C). Describe exactly what the "medieval fashion" is like.
4) Underline (D). What does this "curious survival" refer to?
5) Underline (E). Put the underlined sentence into Japanese.
6) Discuss why the market-place was important in the developments of many cities.

2. Read the following passage and answer the following questions either in English or Japanese.

　　The planned towns are the easiest kind of urban landscape to understand, and perhaps for that reason the least interesting to the curious traveller—however attractive they may be to look at. (A) They satisfy our curiosity too soon. Now let us explore what lies behind the contemporary appearance of quite another group of towns: towns which reveal nothing at first sight of their secret, physical history, and which indeed seem to have little or nothing in common as one looks at them and around their streets. As we explore (B) the ramifications of their anatomy we shall encounter a good deal of (C) the stupidity, the greed and self-interest, the plain conservatism—just human resistance to change of any kind—as well as the pure evil of human nature, working itself out in bricks and stone and mortar.

　　Let us look at those towns that grew up in the midst of their own open fields, that entered the nineteenth century with their population rising at a phenomenal rate, but were wholly unable to expand their building area to meet this rise in numbers. (D) They were still held within the vice of their own fields, with all the complicated property rights which made it impossible to secure land for building development. Most effective of all in stopping any new building were the Lammas pasture rights — that is, the right of burgesses, or some of them, to graze their cattle and sheep over the open fields after the harvest had been taken in. The town fields might well be private property and held by only half-a-dozen farmers. The burgess might have no land at all in the fields; but he has this right to graze his cattle (E) after Lammas over any man's lands, freely and wherever he liked. It sounds a trivial thing — this common pasture right for six months of the year — but it had the most devastating effect on town development, in the Midlands above all. The consequences are almost unbelievable until one follows them out.

Questions
1) Underline (A). Why do they satisfy our curiosity too soon?
2) Underline (B). Please explain what the ramifications of their anatomy actaully refer to?
3) Underline (C). Pick out the concrete words which imply one of the explicit examples of this.
4) Underline (D). Put the underlined sentence into Japanese.
5) Underline (E). Make clear wnat the underlined words mean.

3. Read the following passage and answer the questions either in English or Japanese (except questions 1 and 4).

　　Most of us have been brought up to believe, for instance, that the Pyramids of Egypt are the oldest stone-built monuments in the world, and that the first temples built by man were situated in the Near East, in the fertile land of Mesopotamia. There, it was thought, in the homelands of the first great civilizations, metallurgy was invented. (A) The knowledge of working in copper and bronze, like of monumental architecture and many other skills, would then have been acquired by less advanced inhabitants of surrounding areas,and gradually have been diffused over much of Europe and the rest of the Old World. The early prehistoric monuments of western Europe, the megalithic tombs with their colossal stones, would document one very striking instance of (B) this diffusion of ideas. In Britain, we have similarly been led to believe that the riches of our early bronze age and the sophistication of Stonehenge itself reflect, in a comparable way, the inspiration of the more sophisticated world of Mycenaean Greece.

It comes, then, as a shock to learn that all of this is wrong. The megalithic chamber tombs of western Europe are now dated earlier than the Pyramids ― indeed, they rank as the earliest stone monuments in the world ― so (C) an origin for them in the east Mediterranean seems altogether implausible. The impressive temples of Malta are now set berfore any of their Near Eastern counterparts in stone. Copper metallurgy appears to have been underway in the Balkans at an early date ― earlier than in Greece ― so that it may have developed quite independently in Europe. And Stonehenge was, it seems, completed, and the rich early bronze age of Britain well under way, before the Mycenaean civilization of Greece even began. (D) In fact Stonehenge, that remarkable and enigmatic structure, can now be claimed as the world's oldest astronomical observatory. The traditional view of prehistory is now contradicted at every point.

Already, twenty years ago, the new scientific technique of radiocarbon dating brought archaeologists several surprises. But it did not challenge the basic assumptions underlying what they had written: the position of the ancient civilizations of Egypt and Mesopotamia as the innovators, illuminating the rest of the Old World with the radiance of their culture, was not challenged. Today the second radiocarbon revolution, based on recent advances in tree-ring dating, has undermined (E) these assumptions. Indeed, it is bringing down the whole edifice of links and connections that were so laboriously built up by scholars over the last fifty years in order to date and make intelligible our prehistoric past.

Notes   radiocarbon dating: the determination of approximate age of an ancient object by the amount of carbon 14 it contains.

treering dating: the determination of approximate age by using a method of counting the number of rings on many tree-stumps, checking their density and thickness, and comparing their patterns.

Questions

1) Underline (A). Put the underlined sentence into Japanese.
2) Underline (B). Explain concretely what <u>this diffusion of ideas</u> means.
3) Underline (C). What is <u>implausible</u> and how is it so?
4) Underline (D). Put the underlined sentence into Japanese.
5) Underline (E). Make clear wnat <u>these assumptions</u> are.

4. Read the following passage and answer the questions given below either in Japanese or in English.

　　In the midsummer of 1928, as the barley was ripening, the (A) <u>ghost</u> of this ancient cantonal capital of Roman Britain (Caistor-by-Norwich), settled by the Iceni* after Boudicca's rebellion, was reflected in traces of lines that may well have been part of its street plan. The opportunity was too good to miss, and it was feared that it could quickly slip away. The Air Ministry in London was speedily approached in order to clear the way for the RAF** to practise their photographic dexterity for once over this Norfolk site, though it was somewhat removed from southern England where airmen had hitherto so willingly co-operated with archaeologists. Prompt action was rewarded by a stunning photograph which, when reproduced a few months later on a half page of *The Times* of London, was hailed as another triumph of aerial archaeology. An editorial in *The Times* called it 'one of the happiest results so far achieved by co-operation of aircraft and archaeology'. R. M. Wheeler, equally enthusiastic, declared it 'the most dramatic example of the potentialities of air-archaeology yet produced in this country'. He added that it 'establishes, once and for all, the desirability of air-photography as (B) a normal precursor to excavation even on sites of known character and extent. Indeed, air-photography may henceforth be regarded as a necessity rather than a luxury in the equipment of the field-archaeologist'.

The RAF photograph of Caistor showed not just a dim web of surmised streets but practically all of Venta.*** If anything could convey to a general audience the marvel of discovery from the air it was this accurate plan of (C) a totally buried ancient urban complex. Formerly there had been no indication of the town's buildings, and the main reason no excavation had been undertaken was simply that no one knew where to start. (D) Now as a result of a view from 2,400 feet above, the dormant city had been virtually X-rayed. Besides the streets, which were for the first time traced in their entirety, the photograph showed individual buildings, most interesting among them two adjoining temples. Another block appeared to include the forum and a basilica. The photograph also hinted that the surrounding wall was (E) a late addition beyond which the underlying streets continued, a further demonstration of aerial perception. Details of this kind verified what was known about the policy of declining Rome to fortify provincial towns threatened by barbarian onslaughts.

Notes *Iceni   One of the Celtic tribes under the Roman rule in Roman Britain as a province. Boudicca was its Queen. She revolted against Rome; however, she was besieged by the Roman army and took poison in 62 AD.
    **RAF   Royal Air Force
    ***Venta (Venta Icenorum)   Caistor-by-Norwich was called Venta Icenorum in Roman Britain.

Questions

1) Write down your idea about what kind of thing the underlined word ghost in (A) refers to.

2) As for the underlined phrase a normal presursor in (B), explain what it implies.

3) Explain what sort of thing is intended by the underlined phrase a totally buried ancient urban complex in (C).
4) Read carefully the underlined sentences in (D), and give your idea of how air photography is marvellous as a necessary preceding process for later excavations.
5) In (E) why is it possible to interpret "the surrounding wall" as a late addition?

5. Read the followmg passage carefully and put it into Japanese.

This book is concerned with the developmenrt of Leonardo da Vinch as an artist. His scientific and theoretical writings can be studied intelligently only by those who have a specialized knowledge of medieval and Renaissance thought. His art, and personality it reveals, is of universal interest, and like all great art should be re-interpreted for each generation.

There are several reasons why such a new interpretation is worth attempting. In the last century the popular idea of Leonardo's work was still vague. Many of the pictures on which it was based, and practicaly all the drawings, were far from being authentic and gave a false notion of his character. It thus became the first duty of criticism to clear away the parasitic growths which obscured the true shape of his genius; and while this process continued, it absorbed the best energies of all considerable students of Italian art, and left no time for criticism in a more humane sense. But after fifty years of research and stylistic analysis, we have at last reached some sort of general agreement as to which pictures and drawings are really by Leonardo. Great problems of attribution remain to be solved, but we can no longer hope to settle them by comparison of morphological details. We must look at pictures as creations not simply of the human hand, but of the human spirit. And so we can take up the history and criticism of art where it was left, shall we say, by Pater, with the difference that Pater in his beautiful essay on Leonardo writes, in large part, about work which Leonardo did not execute. He is not concerned with Leonardo, but with Leonardesque, and his essay suffers from some of the unreality which affects any study of an abstraction. Had he known the full range of Leonardo's own work, how much deeper and more living it would have become!

【解答】

I. 文法演習

1) 1.副詞句　　2.名詞節　　3.形容詞節　　4.副詞句　　5.副詞節
　　6.形容詞節　7.名詞句　　8.形容詞句　9.形容詞節　10.副詞節

2) 主節を下線で示す。下線のない部分が従属節。

1. <u>Mr. Borden mentioned</u> that his wife likes to live in London, too.
2. <u>Then the bear declared</u> that he would eat the little hare.
3. <u>Little Johnny</u>, whom we know very well, <u>asked a question</u>.
4. When Dick Anderson was sixteen, <u>his family moved to California</u>.
5. <u>Thomas was sure</u> that the weather would clear up in a few hours.
6. <u>Ryan told his friend</u> that he was struggling with fear.

3) 1. Robinson insists on his innocence.
   2. Jones complained of (his) being underpaid.
   3. It depends on the students' having enough courage to do it.
   4. We agree with him that it was true.
   5. When she saw a large snake coming towards her, she fled immediately.
   6. I showed a picture of my own painting.

4) 1. a. ボストンに行く一時間ごとのバスがあります。
      b. バスは一時間ごとに出ます。
   2. a. 彼らはいくつかの月刊誌にアパートを求むという広告を出した。
      b. この刊行物は月ごとに出ます。
   3. a. この列車はウィーン直行です。
      b. 彼女の父は朝食後直ちに出かけた。
   4. a. 彼らはなおもブラジルに行きたがっている。
      b. 彼女の息子は最善を尽くしたが、やはり入試に失敗した。

5. a.「この音を出すときには口を大きく開けねばなりません」と先生は言った。
   b. 妹のジェニファーは旅行代理店に勤めてから広く世界を旅しております。

5) 1. clean　2. cleanly　3. clear　4. clearly　5. easy
   6. easily　7. high　8. highly　9. right　10. rightly

6) イタリックの副詞が修飾する語句を下線で示す。
1. It's *extremely* good of you to do that for me.
2. Tom seems to smoke *rather* heavily these days.
3. *Oddly* enough, Mary did not say anything about her plan.（文修飾の副詞）
4. His parents will stay in the United States for *about* a year.
5. Hickman told us *such* a funny story.
6. Now that you have read *this* far, you may take a rest.
7. *Naturally* Jones could not solve the question.（文修飾の副詞）
8. Hester's arrow fell *short* of the target.

7) 省略された部分を（　　）で示す。
1. Thomas was wearing a raincoat then, and (he) didn't get wet.
2. John's father was in such a rage (that) he could have hit me.
3. Harold knows many things (that) we are ignorant of.
4. Mark sat on the bench reading a paper, (with a) pipe in (his) mouth.
5. This school is bigger than my last (one).
6. Why (should we) not go there at once?
7. She borrowed my pen, although I told her not to (do it).
8. Margaret likes him better than (she likes) me.
9. Some of the people there wore Korean clothes, but others (wore) foreign (clothes).

10. While (he was) young, Gordon used to go to church on Sundays.

8）　　1．C　　2．B　　3．B　　4．A
　　　　5．A　　6．C　　7．A　　8．A

9）省略可能な部分を下線で示す。

1．Paul loves Catherine but William does not <u>love Catherine</u>.
2．Someone has just been shot, but I don't know who h<u>as just been shot</u>.
3．Max was examined by the doctor, and Pater <u>was examined by the doctor</u>, too.
4．Oliver tried to write a story, and Ian <u>tried to write</u> a poem.
5．Patricia talked to Peter yesterday, and Sandy <u>talked</u> to Alan <u>yesterday</u>.
6．Put a mark where <u>it is</u> necessary.
7．What did Norton give to his sister?
　—<u>He gave</u> a sweater <u>to her</u>.
8．Roger will come to the party if Mary can <u>come to the party</u>.
9．"<u>Are you</u> looking for anything?" asked a stranger.
10．"<u>Do you want</u> some more tea?"

10）　1．She has never seen such a beautiful skyline in her life.
　　　2．If it were not for his advice, Mary should have made a serious mistake.
　　　3．A copy of a popular magazine lay on the table.
　　　4．The wall fell down.
　　　5．The boat was so rotten that it began to sink soon.
　　　6．Catherine did not say a single word when I saw her in the corridor.
　　　7．Norton tried in vain to lift the box.
　　　8．A strange beautiful cloud rolled across the clear blue sky.
　　　9．Those who are in good health are happy.
　　　10．The news of Macy's queer fate reached the village only after a long delay.

11) 1. Never have we seen a beautiful garden like this.
   2. Rarely does Thomas make such a mistake.
   3. Had it not been for Jane's advice, I would not have accepted their offer.
   4. Brave as he was, he could not but cry for help.
   5. Seldom have I seen him so angry.
   6. Only later did they realize what a terrible thing had occurred in their native village.
   7. Equally strange was his behavior to his son.
   8. Only after a long heated discussion did Davidson agree to her plan.
   9. Should anyone come to see me in my absence, please tell him that I will call him up later.
   10. Hardly had the thief escaped when he was recaptured.

12) 1. In those words of his is the secret of his success.
   2. Not a single word did the teacher say.
   3. Not until then did Howard realize what his father realy meant.
   4. Little did I dream of a letter from her.

13) 準動詞の論理主語を下線で示す。
1. Has Bill asked <u>you</u> to marry him?
2. It is impossible for <u>me</u> to comply with your request.
3. Tell <u>me</u> whether to trust her or not.
4. It is very kind of <u>you</u> to do so.
5. He opened the door for <u>his son</u> to come in.
6. Tom is not ashamed of <u>his father</u>'s being poor when he was young.
7. <u>I</u> look forward to hearing from you.
8. On arriving there, <u>I</u> called him up at once.
9. <u>The man</u> reading today's paper is my uncle.
10. Taken by surprise, <u>they</u> had nothing to say.

14) 1. b.   2. a.   3. i.   4. d.   5. h.
     6. f.   7. e.   8. j.   9. c.   10. g.

15) 1. He admitted my statement to be ttrue.
    2. Tom stayed at home to look after his old mother.
    3. Hayward regrets idling away his youth.
    4. Father scolded his son for being naughty.
    5. (Though) admitting the protest of the workers, the employer could not promote the wages.
    6. Walking along the street, we heard several shots behind us.

16) 1. importer 2. neared 3. entered 4. regret 5. excited
     6. wants 7. beauty 8. feared 9. could 10. needed

17) 1. Bill is behind John.
    2. John entered the house.
    3. Pretty little flowers came up in our garden.
    4. Mary gave the book to Catherine.
    5. Pat received a book from Stuck.
    6. The circle is around the dots.
    7. Barbara was in the room alone.
    8. My brother accompanied Sally.
    9. John kept his son from watching television.
    10. Mark dissuaded Helen from going there.

18) 1. the wall, paint   2. the tree, its branches
     3. swarming bees   4. pleased immensely

19) 1. The coat has a relatively high temperature. / The coat makes one feel

warm.
2. I like Alice as well as I like Mike. / I like Alice as well as Mike likes Alice.
3. ジョンはその理由で私に手紙を書かなかった。
   ジョンはその理由で私に手紙を書かなかったわけではない。
4. ジャクソンは野生動物の調教師に間違われた。
   ジャクソンは乱暴な動物の調教師に間違われた。
5. ハンターが狩りをするのは、この区域では禁止されて来ました。
   ハンター達を撃つことはこの区域では禁止されて来ました。
6. 飛んでいる飛行機は危険であり得る。
   飛行機を飛ばすことは危険であり得る。
7. 我々は老婦人の帽子を引き出しに見つけた。
   我々は古い婦人帽を引き出しに見つけた。
8. どこを怪我されましたか。
   どこで怪我されましたか。
9. 社長は微笑んでいる少女に挨拶をした。
   社長は微笑んで少女に挨拶をした。
10. ジャクソンは目立って無分別だった。
    ジャクソンが無分別であったのは明らかだ。

20) 1．B   2．A   3．A   4．A   5．A
     6．A   7．A   8．B   9．B   10．B

21) 3．a. In the room we watched the room.
        b. We watched the game which was played in the room.
     4．a. Mary is a pretty girl who is a good cook.
        b. Mary is a girl who cooks pretty well.
     6．a. It is not the case that I believe Jane said he was an American.
        b. I believe Jane did not say he was an American.
        c. I believe Jane said he was not an American.

7. a. With a long white stick Jack hit the man.
   b. Jack hit the man who had a long white stick.
9. a. The lamb is so hot that it cannot eat anything.
   b. The lamb is so hot that we cannot eat it.

22) a. 上級生はキャンパスでデモをしないように言われている。
    b. 上級生はデモをキャンパスではしないようにと言われている。
    c. 上級生はデモをしないようにとキャンパスで言われている。
    d. 上級生は誰かがキャンパスでデモをするのを止めさせるように言われている。
    e. 上級生は誰かのデモをキャンパスではさせないように言われている。
    f. 上級生は誰かにデモをさせないようにとキャンパスで言われている。

23) 1. 論理目的語   2. 論理目的語   3. 論理主語   4. 論理目的語
    5. 論理目的語   6. 論理目的語   7. 論理主語   8. 論理目的語
    9. 論理目的語   10. 論理主語

24) 1. b 2. f 3. g 4. c 5. d 6. e 7. a 8. h

25) 1. It is hard to please some people.
    2. It is dangerous to swim in this lake.
    3. It will be fascinatlng to listen to the story of his adventures.
    4. It was quite difficult to find the pub.
    5. 書き換え不可能
    6. It is certain that James will join us.
    7. 書き換え不可能
    8. 書き換え不可能
    9. It is impossible to live with them.
    10. 書き換え不可能

26)　1. an Indian　　2. a Swede　　3. a Swiss　　4. a Mongolian
　　　5. a Philippino　6. a Vietnamese　7. a German　　8. a Turk
　　　9. a Californian　10. an Egyptian　11. a Brazilian　12. a Scot
　　　13. an Armenian　14. a Virginian　15. an Argentine　16. a Bostonian
　　　17. a Chnicagoan　18. a Parisian　19. a Liverpudlian　20. a Dubliner
　　　21. a New Yorker　22. a Londoner　23. a Tokyoite　24. a Pekingese
　　　25. a Napolitan　26. an Oregonian

II. 和訳演習

1. 私が玄関のベルを鳴らしたのに応えて、車椅子の軋む音がした。マクギニス婦人自身だった。彼女はドアを開けて、微笑みながら手を差しのべた。

2. エンパイア・ステート・ビルディングはニュー・ヨーク市の最も素晴らしい景観の一つである。いくつかの大通りを隔てたところから見上げると、どんなに高いかが理解できる。

3. どうにもならないのは、私たちが別の家に引っ越しできなかったという事実である。最初は、もっと良い家が見つけられなかったので、引っ越しできなかった。今では、もっと良い家を維持できない。

4. 彼がちょうど山を下りようとした時、遠くの方から「おーい、リップ・ヴァン・ウィンクル。リップ・ヴァン・ウィンクル」と呼ぶ声がした。彼はふり返って見たが、山の上を一羽で飛んでいる鳥の姿しか目に入らなかった。

5. 「私がどう考えていると思っているの、ジャック。私はとても疲れているのよ」と彼女はつぶやいた。長いため息のため、彼女のきゃしゃな体が震えた。「ジャック、お願いだからダンスがすんだら家に帰って来て頂戴ね。私にはおま

えが必要なのだとヘレンに言っておやり。そしたらあの子は分かるよ。」

6．一週間以上、私のペンは置かれたままである。まる七日間私は何も書いていない。手紙一通たりとも書いていない。一、二度病に伏した時を除けば、このようなことは嘗て一度もなかった。

7．何年か前の冬、一月にイングランド、とりわけ、南部と西部に大雪が降ったことがあった。雪は昼となく夜となく降り続いた。翌朝、ウェルズは雪の中に半ば埋もれていた。

8．私の目前の丘の頂きに上り行く月が見られた。まだ雲のように青白いが、時折、明るく輝くのであった。半ば木立に埋もれてはいるが、いくつかの煙突から青い煙を上げているヘイの上を月は照らしていた。ヘイまでは、まだ一マイルもあった。だが、物音一つしない静けさの中に、私は人の気配をはっきり聞き取ることができた。

9．ベーカー夫人は生まれて初めて自分の年を感じていた。暖炉で明るく燃えている火を見ても、彼女の心は温かくはならなかった。暖炉の上の額縁から愛想良く微笑んでいる夫、チャールズの写真を見て彼女は孤独な気持ちで一杯になった。

10．クラスの劇は、もう3日先に迫っていたが、最初の舞台稽古はまったくだめだった。悪役のジョゼフ・マーチはメロドラマ風過ぎたし、ヒロインのエレン・グリーンは感傷的過ぎだった。最後の一幕の演技者達は、みな、何度も台詞を忘れ、ぎこちなく、のろのろし過ぎていた。

11．一般に、車を利用することがサン・ディエゴをあちこち動き回る最も便利な方法です。多くの主要な呼び物や商業区域は高速道路から簡単に行けますし、通勤時間の中心地域を除いて交通渋滞も少なく、主要道路が進む方向を簡単に

見いださせてくれます。

12. フィリップは出掛けて、夕食まで一体どうしようかと思った。彼は何かこれといったことがしたくてならなかった。アブサンだ。もちろん、看板が出ていたので、彼は駅の方へ歩いて行き、あるカフェの外側に腰を降ろし、アブサンを注文した。飲んでみると、胸が悪くなったが、満足した思いであった。

13. 後ほど、彼は自室に帰ったが、階上のグリフィスの部屋ではパーティーが行われていた。その楽しげな物音を聞いて、彼は自分の惨めさが一層耐え難くなった。彼はミュージック・ホールに出掛けたが、あいにく土曜日の夜で立ち見席しかなかった。退屈な半時間を過ごすと、足が疲れてきたので、彼は家に帰った。

14. 真夜中の静けさの中で、私は波止場にそっと歩み寄り、靴を脱いだ。波止場の先端への道を注意して手探りで歩みながら、私の心臓は訳の分からぬ期待でどきどきした。辺りには誰もいなかった。後方には計り知れぬ暗闇が広がり、目前には、もっとぼーっとした暗闇が広がっていた。頭上には星をちりばめた天が広がり、遙か下の水面には空の星がきらきらと映っていた。

15. スーが亡くなって一週間経ったある夕方、ノートンさんは玄関の階段に座って、芝生に水を撒いていた。まったく楽しいことではなかったが、妻から言われて、仕方なくホースを取って来たのだった。ちょうど、夢を見ている時のように、取り立てて何を考えるともなく、彼はじっと腰を降ろし、体をほぼ二つに折って、白いシャツを着た肥えた両腕を両膝の間に入れ、ずんぐりした両手でセメント舗装の道から玄関までホースの口を大きく回転させていた。

16. 僕は独り言を言った。「母に頼むのは恥だろう。母は僕たち9人もの面倒を見なければならないのだから。お父さんも、僕が何になりたいのかを尋ねてくれたことはなかった。それがどうしてなのか今では分かっている。お父さん

は僕に農場の仕事をさせるつもりなんだ。そこには将来なんてないんだ」混乱した気持ちの中で僕はもうすんでのところでわめくところだった。僕は大きな声を出したに違いなかった。というのは、僕の声を聞き付けて、母が入って来たからだ。母は柔らかな、すべすべした手を僕の額に置いて、「どうしたの、ジョン」と言った。ついに、母は僕を話す気にさせた。

17. 17才だったある日、彼は生まれ育った町の大聖堂に入って行った。物思いしているうちに彼は教会の高い天井から長い鎖で吊されたランプを見上げた。彼はもはや建物のことも、礼拝している人々のことも、礼拝のことも考えていなかったし、自分の美的関心や宗教的関心のことも考えていなかった。また、自分を医者にさせようという父の望みが自分の意にそぐわぬものだということも考えてはいなかった。

18. そこで、彼女は後ろから、「ねえ、ネズミさん、お願い。戻って来て下さいな。お気に召さないのなら、猫や犬の話はしませんから」とやさしく呼びかけた。この言葉を聞いて、鼠は振り返り、ゆっくりと彼女の方に泳いで戻って来た。鼠の顔はまったく真っ青だった（アリスは鼠がかっとしたのだと、思った）。そして、鼠は小さな振るえる声で「それじゃ、岸へ上がろう。そこで僕の身の上話をするよ。そしたら、どうして僕が猫や犬を嫌いなのか分かるよ」と言った。

19. 一般に、話された文の文法は書かれた文の文法よりも簡単で、構造も厳密ではない。話された会話をいくつかの別々の文に分けることは難しい。一つの節と次の節のつながりは、書かれた文の場合ほどもはっきりしない。なぜなら、話し手は聞き手が文脈を理解したり、分からなければ、話し手を遮ることができるということを、書き手の場合よりも当てにしているからである。

20. 18世紀の初頭、イングランドの田園風景は、なおも、現在の様相とはほど遠かった。だが、イングランドの多くの土地で、特に西部と北部で、また南東

部の相当の部分で、畑と生け垣の列、小村と農場、道路と小道の姿は、ほぼ、今日我々の知っている形になっていた。

21. ヘイワード君、君は今秋ただ良い仕事を得る機会を促進するためにだけ、大学に行くのではない。大学の教育にはもっと多くのことがある。大学教育は、この国のあらゆる地方からやって来る賢明な若者に出会う機会なのである。君の級友を知るようにしなさい。寮での夕べの会話や、カフェテリアでの会話、そしてラウンジでの会話に入って行きなさい。彼らが、皆、君と同じ意見を持っているわけではないことが分かるだろう。

22. ヴィラ・セント・ヘレナは地中海様式の堂々としたヴィラであり、現在は郊外の優雅な旅館として使われております。サンフランシスコから北へ65マイルのところにあるセント・ヘレナを見下ろす丘の上に位置しているので、この人里離れた、20エーカーの土地には、のどかな田舎の安らぎと美しいナパ・ヴァリーの雄大な景観が入り交じっております。アメリカ屈指の葡萄園と伝統を誇るワイン醸造所を望見するヴィラ・セント・ヘレナからの眺望は格別に素晴らしい。一方、ヴィラ自体は高くそびえるオークの古木や、月桂樹、イチゴノギなどで遮られて周りからは見えないのであります。4分の3マイルほど、曲がりくねった私設道路を登って行くと、突然、目の前に、この壮大な館が姿を現します。

23. 栃の木にやがて花が咲こうかという、ある日の午後、マギーは玄関の戸の外に自分の椅子を持ち出して、膝の上に本を置いて座っていた。彼女の暗い目は本から逸れて他のところを見ていた。しかし、それらは、彼女の右手の突き出た玄関のジャスミンの日除けを通して差し込み、彼女の青白い丸みのある頬に葉の影を投げかけていた、太陽の光を愉しんでいる様子でもなかった。むしろ、彼女の目は太陽の光によって明らかにならなかった何かを求めている様子であった。

24. 彼は家までの道のりを歩いて帰った。通りを走る車が次から次へと彼を追

い越していった。車の他に通るものとて無かった。彼が家に着いたのは、かれこれ、11時だった。家の前に車が一台止まっていた。鍵でドアを開けて中に入ると、居間から話し声が聞こえた。ひょっとしてアイリーンが帰って来ているのではなかろうか、彼女の姿を見たら、じっとしていられなくなるだろう、という考えがまず頭に浮かんだ。それから、コリーが、何か抜き差しならぬ理由でペネロピーに会いにやって来たのかもしれない、と思った。だが、居間のドアを開けた時、ロジャーズが来ていたのだと分かったが、彼はあまり驚きはしなかった。

III. 長文読解演習
1. 古い町の大部分は市場町として発展して来た。それゆえ、町は皆、独自の独特な問題を提示する。このため町は見ていて多様な様相を呈し、一般的に、おそらく、より人目を引くのだろうが、古い町を一度も尋ねたことのない人にそうだと理解させるのは簡単ではない。市の場所は多くの町の発展上の重要地点であり、町はこの市の場所を囲む形を取ることになった。この市の場所に立つと――いつもではないがたいていの場合――ことの発端にいることになる。市の場所の形状、その規模、教区教会との関係でのその配置、その地形の詳細を調べると、一連の問題に直面するのである。もしもこれらの問題に答えられるなら、その場所の最も早期の歴史とその場所がいかに発展して来たかについて現在私たちが知っているよりも以上に多くのことを知ることになるはずだと思う。様々な町の相違、ないしはそれらの類似を何が説明するのか。
　中部地方では、大きな産業都市でさえ、市場が今なおも中世のやり方さながらに、恐らく数エーカーに及ぶ大きな広場に立つ露店で行われているのを見いだす。山積みのありとあらゆる商品を備えた覆い付き露店、大空の下で声を張り上げ商品を売る商人、これら一切は中世そのものである。そしてこのような露天の市場の周りに堂々たる20世紀の店舗、町が示しうる限りロンドンのものに近い店舗が立っているのである。それは奇妙な生き残りである。つまり、中世が20世紀の産業都市の中に包み込まれているのである。このような戸外の

大きな市場はノーサンプトン、ニウォーク、レスターなどに見られ、そのうち最も注目すべきはノッティンガムの市場である。そこでは、三角形の巨大な市の場所が5エーカー半に及んでおり、かつてはもっと大きかった。近年になって初めてそこが市民の中心地として受け継がれてきたのであり、「鵞鳥の市」がより遠い郊外に移されたのである。しかし、1000年くらいにわたり、そこは市の場所であった。レスターでは、市の場所は城壁で囲まれた町の南東部4分の1を占めている。そこは、恐らく10世紀に初めて市の場所として始まってから少し縮小したが、そこは今なおこの国で最大の戸外の市の場所の一つである。

設問
  1）本文参照。
  2）本文参照。
  3）山積みのありとあらゆる商品を備えた覆い付き露店、大空の下で声を張り上げ商品を売る商人など、中世さながらの露店商人の姿。
  4）大きな戸外の市が中世のやり方とほとんど変わらず現在も続いていること。
  5）本文参照。
  6）そこを中心に取り囲む格好で多くの町が発展してきたからである。

2．計画された町は理解するのが最も簡単な類の都市景観である。恐らくその理由で見る分にはどれほど魅力的であろうと、好奇心豊かなら旅行者には最もつまらぬものである。そのような町は私たちの好奇心を瞬く間に満たしてしまう。さて、まったく別のグループの町の今日の佇まいの背後にあるものを探求してみよう。一見、表に現れない、物質的な歴史を何も示さない町や、事実、町とその通り近辺を目の当たりに見ると共通するものをほとんど持たないかまったく持たないように思われる町である。町の構造の細部を探求すると、煉瓦、石、モルタルに結実する人間本性の純然たる悪のみならず、数多くの愚かさ、欲望、自己利益、明白な保守精神——いかなる類の変化にも抵抗する人間精神——に出会うことになる。

町所有の開けた原野の真っ直中に発展した町を見てみよう。19世紀に入って

急激な人口増加を経験したけれども、この人口の増加に見合うべく建物を建てる区域をまったく拡張できなかった町である。このような町は今なお、複雑な所有権を伴った町の土地制度の中で維持されており、そのため、建物開発のための土地を確保できないままなのである。いかなる新たな建物をも阻止する最も効果的なものはラマス牧草地権——収穫が終わった後、市民、ないしは市民の一部が家畜の牛や羊に原野一体で草を食べさせる権利——であった。言わば、町の土地は個人の所有物とでも言えそうなものであり、ほんの一握りの農夫によって維持されていた。市民は原野にまったく土地を所有しないかもしれないが、市民は自由にまた望む時にはどこででも、誰のものでもない土地でラマス法に従い自分の家畜に草を食べさせる権利を有している。これ——一年のうちの半年に亘る、このありふれた牧草地の権利——は些細なことに聞こえるが、とりわけ中部地方では、町の発展を最も妨げる効果を有していた。その結果はほとんど信じ難いものであり、人はその結果をきっちり継承している。

設問

1) 計画された町の場合、通りや建物の配置などの都市計画が一見して明瞭に把握できるから。
2) 町の古い主要道路から、時代が経つにつれ、設営された新たな通りや区域などの細部のこと。
3) Lammas (pasture rights)。
4) 本文参照。
5) ラマス法に従って(ラマス法に則り)。

3. 私たちの多くは、例えば、エジプトのピラミッドが世界最古の石造遺構であるということや、人工の最初の神殿が近東、すなわち、メソポタミアの肥沃な土地にあったということを信じるように育てられるものだ。そこで、最初の文明の発祥地で、冶金術が発明されたと考えられた。それゆえ、記念的建造物のように銅や青銅を用いた作業や、その他の数多くの技術が周辺領域の文明度の劣った住人達によって獲得され、徐々にヨーロッパの大部分と旧世界のすべ

てに拡散したのだろう。西ヨーロッパの先史時代早期の遺構、巨石を用いた巨石墓はこの考えが伝播したことの非常に顕著な例の記録をなすものだろう。イギリスにおいても、早期青銅器時代の豊かさやストーンヘンジそのものの洗練が、上例同様に、もっと洗練されたギリシアのミケーネ文明世界からの息吹を反映するものである、と同じように信じさせられてきた。

それゆえ、こういったことが一切誤っていると分かればショックとなる。西ヨーロッパの巨石室墓は、今日、エジプトのピラミッドよりも古いものだと年代決定されている——現に、それらは世界最古の石造遺構だとされる——それで、それらの起源を東地中海に求めるのはまったく考えられない。マルタ島の印象的な神殿は近東のいかなる石造神殿よりも古いとされている。銅の冶金術は、古い年代に——ギリシアよりも古い——バルカン半島で行われていたように見える。それゆえ、この冶金術はヨーロッパで個別に発達したのかもしない。そして、ギリシアのミケーネ文明が始まってさえいないうちに、ストーンヘンジが完成されていたし、イギリスの早期青銅器時代が盛んであったように思われる。現に、例の際だったかつ謎めいた構造物である、ストーンヘンジは、現在では、世界最古の天文観測所であったと主張され得るのである。従前の先史時代観はあらゆる点で否定されている。

すでに20年前に、放射性炭素年代測定法という科学的技術が考古学者達にいくつかの驚きをもたらしていた。しかしそのことから彼らの著述の基になっていた基本的前提が疑問視されることはなかった。つまり、古代エジプト文明とメソポタミア文明が旧世界全体をその文化の輝きで照らす革新者であるとする立場が疑問視されることはなかったのである。今日、年輪年代測定法の近年の進歩に依拠した、第二の放射性炭素革命がこのような前提を無力にした。実際、過去の私たちの先史時代を年代決定し理に叶ったものとするのに、ここ50年に亘って学者達が入念に築き上げた諸関係の全体系が取り壊されているのである。

設問
1）本文参照。
2）巨石を用いて人工物を築いたり、銅や青銅を用いた冶金術などの伝播の

こと。
3）巨石文化の起源が東地中海にあるとする伝統的な考え方。西ヨーロッパ巨石室墓の建造がエジプトのピラミッドなどよりも古いものであることが放射性炭素年代決定法（科学的方法）により明らかとされているから。
4）本文参照。
5）古代エジプトとメソポタミアを紛れもない文明改革者とし、その文明の威光が旧世界全体に伝播により及んだとする推論。

4．1928年の真夏、大麦が実っていた時、ブーデシアの反逆後イケニー族が定住した、このローマ期ブリタニアの州都（ケイスター＝バイ＝ノリッジ）の亡霊が、その街路図の一部でありそうな線の痕跡になって映し出されていた。この好機はどうあれ見逃すわけには行かなかったし、また、その痕跡は今にも消え去ってしまうと危惧された。英国空軍がこのノーフォークの遺跡上空から再びその巧みな写真術を実践するのに支障が出ないように、直ちにロンドンの航空局に連絡が入れられた。ただ、この遺跡は、それまで英国空軍の飛行士が快く考古学者に協力してきたイングランド南部からは幾分離れた場所であった。素早い行動は素晴らしい写真となって報われたが、その写真が数か月後ロンドンのタイムズ紙の紙面半ページに再現された時に航空考古学のもう一つの勝利だと大歓迎を受けた。タイムズ紙の社説はそれを「航空機と考古学の協力がこれまでになしえた最も幸運な成果の一つ」と称した。同様に熱狂的であった、R. M. ウィーラーはそれを「この国で今までに生み出された航空考古学の可能性を示す最も素晴らしい例」だと明言した。彼は、この例が「すでに性質や規模の分かっている遺跡の場合でさえ、通常、発掘に先立つものとしての航空写真の好ましさをこれを機に確立した。現に、航空写真は野外考古学者の技術の中で、今後は贅沢品と言うよりむしろ必需品と見なされてもよい」と付け加えた。
　ケイスターを撮影した英国空軍の写真は、単に、推測されるぼんやりした道路網を示しただけではなく、現にウェンタの一切を示したのである。もしも何かが空中からの発見の驚異を一般聴衆に伝えることができるなら、完全に埋も

れた古代の都市複合遺跡の、この正確な図面であった。嘗ては都市の建物を示すものはまったく無かったし、いかなる発掘も執り行われなかった主な理由は、ただ、どこから発掘を始めれば良いのかを誰も分からなかったということであった。さて、2,400フィート上空から眺められた結果、この眠れる都市は文字通りX線撮影されたのである。初めてその全体像が跡付けられた街路の他に、写真は個々の建物を示しており、中でも最も興味深いものは二つの隣接する神殿であった。また別の区域は公共広場や集会用建物を含むように見えた。写真はさらに、都市を取り囲む市壁が後の時代に付け加えられたものであり、それを越えて壁の下に通りが延びていた。それは上空からの知覚をさらに示した例であった。この種の詳細は、蛮族の襲撃に苛まれた属州の都市を要塞化しようとする、凋落期ローマの政策について知られていることを確証するものであった。

設問
1) 大麦畑の中の陰影により、ぼんやりと見える都市遺跡の輪郭。
2) 実際の遺跡の上を覆う地面を発掘する前にその遺跡の全体を捉えた航空写真はきわめて重要であり、実際の発掘に欠かせないものでる。
3) 地面の上を大麦が覆ってしまって、地面に立って見ている人の目には大麦の姿しか入ってこない。その下に埋もれた古代都市の街路や建物などの複合遺跡のこと。
4) 2)でも指摘したが、正確な都市遺跡が撮影されれば、どこから発掘を始めたらよいか確認できる。また、発掘する前から、都市の全貌を把握できる。
5) 都市遺跡を取り囲む市壁の下を通りが横切っているという記述から判断できるが、上層にあるものは、通常、後の時代に設営されたものである。

5. 本書は芸術家としてのレオナルド・ダ・ヴィンチの発展に関わるものである。彼の科学的著述と理論的著述は中世とルネサンスの思考についての専門的知識を有する者によってのみ研究され理解されうるのである。彼の芸術とそれによって表される彼の人格は普遍的な関心であり、すべての偉大な芸術同様、

時代ごとに再解釈されるべきなのである。

　いくつかの理由で、以上のような新たな解釈が行われる価値があるのである。19世紀、レオナルドの作品についての一般的な考え方はなお漠然としていた。その考え方の根拠となっていた絵画の多くや、事実上、すべての線画は本物からはほど遠く、レオナルドの性格について間違った概念を与えた。それゆえ、レオナルドの才能の真の姿をぼやかせる無関係な観念を除去することが批評の最初の義務となった。そして、このプロセスが続いた間は、イタリア芸術を専門とする相当数の学者すべての最善の努力がその中に飲み込まれたのであり、もっと穏やかな感覚で批評を行う時間を奪ったのである。だが50年の研究と様式分析の結果、私たちは、やっと、どの絵画と線画がレオナルドの手になるものなのかについてある種の一般的な一致に到達した。作品特定という大きな問題が解決されなければならないが、それらを形而上の詳細の比較によって決めることはもはや望めない。私たちは絵画を単に人間の手が作り出したものとしてではなく、人間精神が作り出したものと見なさなければならないのである。そこで、例えば、ペイターが残した辺りで芸術史と批評史を取り上げることができる。ただ、ペイターはレオナルドについての見事な論評の中で、概ね、レオナルドが関わったのではない仕事について書いているという違いはあるが。ペイターはレオナルドに関心があるのではなく、レオナルド風なものに関心があるのであり、そのため彼の評論には抽象観念のいかなる研究にも影響する非現実という難点がある。レオナルド自身の作品全体を彼がもしも知っていたなら、彼の評論はもっと深みがあり、かつ生き生きとしたものになっていたことだろう。

参考文献

I 外国語文献

Brown, G. and Yule, G., 1983, *Discourse Analysis*. Cambridge: Cambridge University Press.
Chomsky, C., 1969, *The Acquisition of Syntax in Children from 5 to 10*. Cambridge, Mass.: MIT Press.
Chomsky, N., 1965, *Aspects of the Theory of Syntax*. Cambridge, Mass.: MIT Press.
Chomsky, N., 1968, *Language and Mind*. New York: Harcourt, Brace Jovanovich.
Coulthard, M., 1977, *An Introduction to Discourse Analysis*. London: Longman.
Crystal, D.,1976, *Child Language Learning and Linguistics: The Teaching and Therapeutic Professions*. London: Edward Arnold.
Crystal, D., 1985 (1971, 1st ed.), *Linguistics*. London: Penguin Books.
Crystal, D., 1981, *Listen to Your Child*. London: Penguin Books.
Dickinson, L. T., 1982, *A Guide to Literary Studies*. Tokyo: Nan'undo Ltd.
Donaldson, M., 1978, *Children's Minds*. Glasgow: Fontana Press.
Dulay, H., Burt, M., and Krashen, S., 1982, *Language 2*. Oxford: Oxford University Press.
Ellis, R.,1985,*Understanding Second Language Acquisition*. Oxford: Oxford University Press.
Fasold, R., 1990, *Sociolinguistics of Language*. Oxford: Basil: Blackwell.
Fromkin, V. and Rodman, R., c1983, *An Introduction to Language* (3rd. ed.).New York: Holt, Rinehart and Winston.
Grice, H. P., 1975, Logic and Conversation. In Cole and Morgan, eds., *Syntax and Semantics, Vol. 3, Speech Acts*. New York: Academic Press, 41-58.
Hatch, E. M., 1978, *Second Language Acquisition: A Book of Reading*. Rowley, Mass.: Newbury House.
Holmes, J., 1992, *An Introduction to Sociolinguistics*. London: Longman.
Hughes, A.,1983, Second language learning and communicative language teaching. In Johnson and Porter, eds., 1-21.
Jespersen, O., 1965 (originally published in 1924), *The Philosophy of Grammar*. New York: W. W. Norton and Company.
Johnson, K. and Porter, D., eds. 1983, *Perspectives in Communicative Language Teaching*. London: Academic Press.
Labov, W., 1972, Rules for Ritual Insults. In Sudnow, ed., *Studies in Social Interaction*. New York: Free Press.
Lindfors, J. W., 1980 (1987, 2nd ed.), *Children's Language and Learning*. Englewood Cliffs, N. J.: Prentice Hall.

McNeill, D., 1970, *The Acquisition of Language*. New York: Harper and Row.

Mey, J. L., 1994, *Pragmatics: An Introduction*. Oxford: Basil Blackwell.

Nakata, Y., 1994, *Language Acquisition and English Education in Japan*. Kyoto: Koyo Shobo Publishing Ltd.

Romaine, S., 1984, *The Language of Children and Adolescents*. Oxford: Basil Blackwell.

Shapira, D., 1978, The non-learning of English: case study of an adult. In Hatch, ed., 346-55.

Snow, C. E. and Ferguson, C. A., eds., 1977, *Talking to Children: Language Input and Acquisition*. Cambridge: Cambridge University Press.

Stubbs, M., 1983, *Discourse Analysis*. Oxford: Basil Blackwell.

Stubbs, M., 1986, *Educational Linguistics*. Oxford: Basil Blackwell.

Trudgill, P., 1972 (1974, 2nd ed.), *Sociolinguistics*. Harmondsworth: Penguin Books

Widdowson, H., 1978, *Teaching Language as Communication*. Oxford: Oxford University Press.

Widdowson, H., 1979, *Explorations in Applied Linguistics*. Oxford: Oxford University Press.

Widdowson, H., 1978, *Learning Purpose and Language*. Oxford: Oxford University Press.

II 邦語文献

クリスタル、D.（中田康行訳）、1991、『言語学概説』、東京、南雲堂。

滝沢武久、1982、『認知発達の心理学』、東京、白水社。

中田康行、1987、*Fundamentals of College English Grammar*、東京、三修社。

中田康行、1994、『学校文法から始める英語学』、京都、晃洋書房。

中田康行、1996、「"Authenticity" と読者の "Interpretation"」、長崎、長崎大学、『教育学部研究報告』52号。

中田康行、1997、『応用英語学の研究』、京都、晃洋書房。

III テクスト

Dougill, J, 1990, Oxford. Tokyo: Seibido Ltd. (東京、成美堂)

Nakata Y., 1994, *British Memories*. Osaka: Osaka Kyoiku-Tosho Ltd. (大阪、大阪 教育図書)

あとがき

　筆者は30年以上に亘って大学で英語を教えてきた。その経験の中で、むろん優秀な学生にたくさん出会ってきたことは事実であるが、一方では、英語の苦手な学生達にも数多く出会ってきた。それで、本書執筆の第一の理由は、「なぜ英語が分からないのだろうか」という極めて根本的かつ基本的な疑問であった。むろん、最大の問題は英語が分からないと言う人の不注意や努力不足なのだろう。しかし、そのようないとも簡単な理由を挙げて問題をさっと片付けてしまうわけにはいかない。

　外国語に堪能になるには、学ぶ人のたゆまない努力のみならず、教える側も何がどのように大事なのかを認識させるようにしなければならないのではないだろうか。そのような意味で、本書は文法をいかに理解し、英語の文構造を把握することがいかに重要であるかを解説しようというものである。さらに、中学校や高等学校の英語の授業では明確に教えられていない事柄が数多くあり、それらは英語を真に理解する上で、案外、重要である場合が多いことなども併せて取り上げ解説した。

　本書は学生のみを読者に想定したものではなく、教壇に立って英語を教える立場の方々や、これから英語の教師を目指す方々にも是非とも読んで頂きたい書物である。本書を十分に理解して頂ければ、英語の文法把握が、結局、英語に関わる、あらゆる言語活動に関連しているのだ、という意味で極めて重要であることを確認して頂ける。ひいては英語という言語についての読者の理解が格段に深まるものと確信している。また、教壇に立ってはいるものの、今ひとつ文法がよく飲み込めていないと思っている方々にも極めて有益な内容を提示させて頂いた。それで、本書が提示する意味での文法概念を十分に理解して頂

いたら、恐らく文法について多少なりとも自信が湧いてくるのではないかと、考える。

　本書は筆者がこれまでに出版した数多くの書物で著した内容、大学の授業で話したことなどを簡潔に、また平易にまとめたものである。一部、内容的に重なる部分があるが、概ね書き改めた。また、まったく新たな章として書き起こした部分もある。以前の書物のアイデアの一部を利用した場合も、数多くの部分で加筆や修正を加えた。

　最後になったが、本書執筆の趣旨をご理解下さり、本書の出版を快く引き受けて下さった、大学教育出版に心からの謝意を表しておきたい。とりわけ編集部の安田 愛さん、そして佐藤 守社長には何かと、本当に無理なお願いをさせて頂いた。この場を借りて深謝申し上げる次第である。

平成19年1月

厳寒の京都、下鴨にて

著者しるす

■著者紹介

中田　康行（なかた　やすゆき）

　1949年生まれ1972年同志社大学文学部英文学科卒業
　1974年同志社大学大学院文学研究科(英文学専攻)修士課程修了
　1987－1988年ロンドン大学大学院（Institute of Education,
　　　University of London）修了
　梅花女子大学文学部助教授、長崎大学教育学部助教授を経て
　現在、三重大学教育学部教授

主な著書

　Language Acquisition and English Education in Japan（京都、晃洋書房、1990年）、*British Memories*（大阪、大阪教育図書、1990年）、『学校文法から始める英語学』（京都、晃洋書房、1994年）、『応用英語学の研究』（京都、晃洋書房、1997年）、『英語学の基礎』（京都、晃洋書房、1997年、吉田孝夫と共編著）などの著書、『アングロ＝サクソン人』（京都、晃洋書房、1983年）、『言語学概説』（東京、南雲堂、1991年）などの訳書、*Fundamentals of College English Grammar*（東京、三修社、1987年）のテキストなど。他に単著、共著論文、学術論文等多数。

英語上達法
―― 文法から総合力へ ――

2007年5月10日　初版第1刷発行

■著　　者――中田　康行
■発　行　者――佐藤　守
■発　行　所――株式会社 **大学教育出版**
　　　　　　　〒700－0953　岡山市西市855－4
　　　　　　　電話(086)244－1268代　FAX(086)246－0294
■印刷製本――モリモト印刷㈱
■装　　丁――原　美穂

Ⓒ Yasuyuki NAKATA 2007, Printed in Japan
検印省略　落丁・乱丁本はお取り替えいたします。
無断で本書の一部または全部を複写・複製することは禁じられています。

ISBN978－4－88730－761－2